Daniel Zimmer

Weniger Politik!

Plädoyer für eine freiheitsorientierte Konzeption
von Staat und Recht

Verlag C. H. Beck München

www.beck.de

ISBN 978 3 406 65095 6

© 2013 Verlag C. H. Beck oHG
Wilhelmstraße 9, 80801 München

Druck und Bindung: CPI – Clausen & Bosse GmbH
Birkstr. 10, 25917 Leck

Satz: Jung Crossmedia Publishing GmbH
Gewerbestr. 17, 35633 Lahnau

Gedruckt auf säurefreiem, alterungsbeständigem Papier
(hergestellt aus chlorfrei gebleichtem Zellstoff)

Vorwort

Der Politik scheint die Orientierung abhanden gekommen zu sein: Von Glühbirnen-Vertriebsverboten bis zu branchenspezifischen Mindestlöhnen, vom Meisterzwang für Friseure und Maler bis zu neuartigen „Antidiskriminierungs"-Regeln – überall wuchern freiheitsbeschränkende Vorschriften, ohne dass ein sie verbindendes System zu erkennen wäre. Diese Entwicklung gibt Anlass, grundsätzliche Fragen zu stellen: Was kann Aufgabe von Staat und Recht sein – und was nicht? Taugt „Gerechtigkeit" als Ziel für die Politik? Und: Soll die Rechtsordnung – im Anschluss an Forderungen mancher Verhaltensökonomen – den Menschen mitunter einen „Schubs" geben, um sie zu „klugen" Entscheidungen anzustoßen?

Dieses Buch plädiert für „Weniger Politik". Es geht von der Prämisse aus, dass das Gemeinwesen im Dienst der Menschen steht – nicht umgekehrt. Auch wenn sie mitunter irrational handeln, werden Menschen respektiert – und an eigenverantwortlich getroffenen Entscheidungen, etwa Vertragsschlüssen, festgehalten. Der Rechtsordnung kommt in diesem Konzept nicht die Aufgabe zu, die Welt nach den Vorlieben von Politikern oder Spitzenbeamten zu gestalten. Das Recht dient vielmehr den Menschen als eine Infrastruktur zur Ausübung von Freiheiten.

Menschen benötigen physische Infrastrukturen (beispielsweise Eisenbahnen und öffentliche Straßen), um sich fortzubewegen. Sie benötigen technische Infrastrukturen (wie Telefonleitungen oder Satelliten), um über Distanzen hinweg miteinander zu kommunizieren. Sie benötigen aber auch rechtliche Infrastrukturen, um am gesellschaftlichen und wirtschaftlichen Leben teilzunehmen. Sie würden sich beispielsweise nicht auf Vertragsschlüsse einlassen und auf dieser

Grundlage Investitionen tätigen, wenn keine Rechtsordnung zur Verfügung stünde, die nötigenfalls die Durchsetzung von Vertragspflichten sichert. Dieses Buch plädiert dafür, die rechtlichen Infrastrukturen so auszugestalten, dass sie Menschen bei der Ausübung von Freiheiten unterstützen – und nicht behindern. Es ist nicht Sache der Politik, für die Menschen Festlegungen dazu zu treffen, was für sie gut ist. Die betroffenen Individuen müssen diese Entscheidungen selbst treffen und hierbei von der Rechtsordnung Unterstützung erfahren.

Dieses Buch versteht sich nicht als ein wissenschaftliches Werk. Es arbeitet nicht zu jeder Sachfrage den Stand der wissenschaftlichen Diskussion heraus. Vielmehr werden die einzelnen Diskussionsgegenstände bewusst pointiert dargestellt. Leserinnen und Lesern, die Einzelfragen vertiefen möchten, werden ausgewählte Nachweise an die Hand gegeben. Der Autor, der von Haus aus Rechtswissenschaftler ist, dankt Herrn Professor Dr. rer. pol. Ulrich Schwalbe für wertvolle Gespräche zur wirtschaftswissenschaftlichen Beurteilung der behandelten Fragen. Zudem ist er dem Verlag C.H. Beck für die vorzügliche und expedierte verlegerische Betreuung des Werkes sehr verbunden.

Bonn, im Januar 2013   Daniel Zimmer

Inhalt

1. Einführung

Immer weniger Menschen in Deutschland vertrauen auf günstige Wirkungen der Marktwirtschaft, immer mehr wünschen einen „sich kümmernden", die Menschen „betreuenden" Staat. Eine jüngst veröffentlichte Allensbach-Umfrage belegt diesen Trend: Vor neun Jahren waren 34 Prozent der Befragten der Ansicht, die Marktwirtschaft führe automatisch zu Ungerechtigkeit, 48 Prozent sagten, die Marktwirtschaft sei insgesamt gerecht. Heute hat sich das Verhältnis umgekehrt: Nur noch 38 Prozent der Befragten meinen, dass Marktwirtschaft soziale Gerechtigkeit erst möglich mache, 46 Prozent meinen, sie führe zu Ungerechtigkeit.[1] Politiker machen eine „soziale Schieflage" aus und fordern mehr Umverteilung. Auch jenseits der Frage der Verteilungsgerechtigkeit erobert die Politik immer mehr Lebensbereiche: Sie entscheidet, welche Glühbirnen wir kaufen dürfen, wieviel eine Arbeitsstunde im Dachdecker-, im Gebäudereinigungs- oder im Zeitarbeitsgewerbe mindestens kosten muss, zu welchem Preis wir EEG-Strom ins Netz einspeisen dürfen und welche Maße eine in der EU vertriebene Banane haben muss. „Antidiskriminierungs"-Vorschriften haben zur Folge, dass Versicherungen Männern und Frauen auch dann die gleichen Tarife einzuräumen haben, wenn unterschiedliche Risikostrukturen bestehen.

Dieses Buch nimmt die Gegenposition ein. Nicht (noch) mehr Politik ist angezeigt, sondern weniger Politik. Nicht wohlmeinende und weltverbessernde Politiker sollen für uns Entscheidungen treffen, sondern wir selbst, die betroffenen Menschen. Das Buch entwickelt diese Forderung in acht auf diese Einführung folgenden Kapiteln.

Kapitel 2 (Wie unser Recht wuchert) vermittelt einen Eindruck vom Zustand der Rechtsordnung. Anhand einiger Beispiele wird dargelegt, zu welcher Fülle der Rechtsstoff mittlerweile angewachsen ist. Dabei wirkt manche Regelung skurril, manch andere willkürlich. Wenn für die selbständige Ausübung des Maler- und des Friseurhandwerks noch immer ein Meisterbrief gefordert wird, hat dies wohl wenig mit einem Schutzbedürfnis der Bevölkerung vor besonderen Berufsausübungsgefahren und viel mit der wirksamen Lobbyarbeit von Berufsorganisationen zu tun. Dass beim Erwerb von Maultieren und Mauleseln der ermäßigte Mehrwertsteuersatz von 7 Prozent, beim Kauf von Pferden dagegen der volle Satz von 19 Prozent anfällt, ist mit vernünftigen Erwägungen nicht zu erklären. Wen die Aufzählung von Rechtsvorschriften im zweiten Kapitel langweilt oder frustriert, dem ist ein Weitergehen zum nächsten Kapitel anzuraten.

Kapitel 3 (Der Einfluss der Interessen) enthält eine Skizze der Gesetzgebungspraxis und der hierbei maßgebenden Einflüsse, unter Hinweis auf das Ausmaß der Lobbyaktivitäten in Berlin und Brüssel. Auch wird auf in der Vergangenheit erfolgte Unterstützungsleistungen interessierter Branchen (Leih-Personal für Ministerien) und auf die gelegentlich erfolgte Betrauung von Rechtsanwaltssozietäten mit gesetzesvorbereitenden Arbeiten hingewiesen.

Kapitel 4 (Gerechtigkeit – ein Ziel für die Politik?) nimmt den immer lauter werdenden Ruf nach „sozialer Gerechtigkeit" zum Anlass, die Tauglichkeit eines Gerechtigkeitsideals als Politikziel zu untersuchen. Anhand verschiedener Beispiele wird dargelegt, dass Gerechtigkeit nicht als Richtschnur für Politik und Gesetzgebung dienen kann. Es gibt – worauf schon Ökonomie-Nobelpreisträger *Friedrich August von Hayek* hingewiesen hat – keine objektiven Maßstäbe der Gerechtigkeit, die eine bestimmte Verteilung von Einkommen und Vermögen nahelegen würden. *Ludwig Erhard*, der vielen als der Vater des deutschen Nachkriegs-Wirtschaftswunders gilt, hat dementsprechend gesagt, er denke „Gerechtigkeit" nur in Anführungszeichen, da mit keinem Begriff soviel Missbrauch getrieben werde wie mit diesem. Im vierten Kapitel wird weiterhin erklärt, dass Zahlenangaben zum An-

teil des „Niedriglohnsektors" in einer Volkswirtschaft keine
Schlüsse auf die Lebensverhältnisse der dort beschäftigten
Personen zulassen. Schließlich wird dargelegt, dass die Forderung nach sozialer Gerechtigkeit ihren Ursprung in oft
kaum die Existenz sichernden Lebens- und Arbeitsbedingungen des 19. Jahrhunderts hat. Vergleicht man die heutigen
Lebensverhältnisse – auch die erwerbsloser Menschen – damit, stellt man fest, dass die Forderungen nach sozialer Gerechtigkeit in diesem Sinne im modernen Sozialstaat erfüllt
sind.

Kapitel 5 (Maximierung volkswirtschaftlicher Wohlfahrt
als Politikziel?) legt dar, dass sich für ein Gemeinwesen eine
grundsätzliche Frage stellt: Hat der Einzelne persönliche
Nachteile hinzunehmen, wenn diese durch Vorteile, die bei
anderen eintreten, mehr als aufgewogen werden? Das in
Deutschland geltende Recht sieht grundsätzlich keine solche
Pflicht zur Aufopferung vor. Der Einzelne muss zwar eine
Enteignung aus Gemeinwohlgründen hinnehmen, wenn beispielsweise eine Autobahn oder eine Stromleitung gebaut
wird. Er muss sein Eigentum aber nicht schon dann hergeben, wenn ein anderer eine volkswirtschaftlich nutzbringendere Verwendung hierfür hat. Das Prinzip, dass den Einzelnen keine Pflicht zur Aufopferung für andere trifft, ist im
Urteil des Bundesverfassungsgerichts zum Luftsicherheitsgesetz besonders deutlich geworden: Der Staat darf ein von
Terroristen entführtes und mit vergleichsweise wenigen Menschen besetztes Verkehrsflugzeug auch dann nicht abschießen – und damit die Flugzeuginsassen töten – wenn dies zur
Rettung einer sehr viel größeren Zahl von Menschenleben
führen würde.

In Kapitel 6 (Der Mensch im Mittelpunkt) wird der im vor-
hergehenden Kapitel entwickelte Gedanke ausgebaut: Der
Mensch steht nicht im Dienst anderer und muss sich grundsätzlich nicht für das Wohl anderer opfern. Etwas anderes
gilt in Fällen der Not: Bei Unglücksfällen sind Menschen
einander zur Unterstützung verpflichtet; wer hiergegen ver-
stößt, macht sich wegen unterlassener Hilfeleistung strafbar.

Das hier in einem Einzelfall zum Ausdruck kommende Gebot der Humanität findet sozusagen ‚im Großen' auch im modernen Sozialstaat – dessen Schaffung als eine Kulturleistung ersten Ranges erscheinen kann – eine Ausprägung: Das System der Grundsicherung schützt Menschen vor existenzieller Not. Das Bundesverfassungsgericht hat die Bedarfssätze des Arbeitslosengeldes II, im Volksmund „Hartz IV" genannt, sowie des Sozialgeldes am verfassungsrechtlichen Maßstab eines „menschenwürdigen Existenzminimums" gemessen. Das geltende Recht stellt also den Menschen in den Mittelpunkt: Er muss grundsätzlich weder sein Eigentum noch sein Leben für das Wohl anderer opfern. Er ist aber in der Pflicht, andere „im Kleinen" (Unglücksfall) wie „im Großen" (Einkommenslosigkeit) vor existenzbedrohender Not zu bewahren. Im zuletzt genannten Fall erfolgt die Inpflichtnahme über das Steuer- und Sozialsystem.

„Der Mensch im Mittelpunkt" bedeutet, dass das Gemeinwesen im Dienst der Menschen steht – nicht umgekehrt. Staatliches Handeln muss aus den Belangen der davon betroffenen Menschen gerechtfertigt werden können, nicht aus einem „Staatsinteresse" heraus. Bei der Feststellung der für die Politik maßgebenden Belange ist in erster Linie auf die wirklichen Wünsche und Ziele der betroffenen Menschen abzustellen. Politiker erscheinen nicht legitimiert, ihre Vorstellungen an die Stelle der Wünsche der Betroffenen zu setzen. Zahlreiche Vorschriften des geltenden Rechts sind mit diesem Ansatz nicht vereinbar: Das europäische und das deutsche Recht bevormunden Menschen in vielen Hinsichten. In ihnen kommt ein pessimistisches Menschenbild zum Ausdruck: Menschen wird nicht zugetraut, vernünftige, eigenverantwortliche Entscheidungen zu treffen. Politiker und Bürokraten meinen, besser als die Betroffenen beurteilen zu können, was für diese gut ist. Dieses Buch spricht sich gegen solche vermeintlich weltverbessernden Ansätze aus: Die Menschen sollten so genommen werden, wie sie sind und auch dann an eigenverantwortlich getroffenen Entscheidungen festgehalten werden, wenn diese unvernünftig erscheinen können.

Kapitel 7 geht der Frage nach: „Was ist Staatsaufgabe?"
Hier wird zunächst die überkommene Lehre der ökonomischen Theorie geschildert, wonach nur bestimmte, klar abge-
grenzte Fallgruppen eines „Marktversagens" einen Staatsein-
griff rechtfertigen. Anhand der Entstehungsgeschichte der
Finanzkrise wird gezeigt, dass die ein staatliches Handeln er-
fordernden Fälle nie abschließend aufgezählt werden können: Bei der Entstehung der Krise wirkten von der ökonomischen Theorie nicht vorhergesagte Mechanismen in
verhängnisvoller Weise zusammen. Ökonomisches „mechanism design" versucht mittlerweile, die für die Handelnden
bestehenden Anreize so zu justieren, dass die die Krise aus-
lösenden Wirkungsketten in Zukunft nicht noch einmal in
Gang gesetzt werden können. Hier sind positiv wie negativ
wirkende Anreize in Betracht zu ziehen: Nachhaltig wirkende Bonussysteme könnten so konzipiert sein, dass
Manager Belohnungen (positive Anreize) erst ausgezahlt bekommen, wenn ihr Unternehmen eine Reihe von Jahren fort-
bestanden hat. Andererseits ist eine verschärfte Schadensersatzhaftung (negativer Anreiz) für Personen in Betracht zu
ziehen, die mit Unternehmensvermögen in besonders riskanter Weise umgegangen sind: Wer Unternehmensvermögen
auch dann noch in bestimmte Papiere (US-amerikanische
Hypotheken-Verbriefungen) investiert, wenn in Zeitungen
bereits über eine Überhitzung und Blasenbildung auf dem
zugrundeliegenden Markt (US-Immobilienmarkt) berichtet
wird, muss für sein Handeln auch persönlich zur Verantwortung gezogen werden können. Er sollte sich in einem solchen
Fall nicht darauf berufen können, dass Kollegen in anderen
Unternehmen entsprechende (Fehl-) Entscheidungen getroffen haben und dass die Papiere mit einem günstigen Rating
versehen waren.

Mit einer solchen staatlich veranlassten Setzung von Anrei-
zen kann aber nur rationales menschliches Verhalten beein-
flusst werden. Irrationales Handeln, beispielsweise ein nicht
immer rational begründbarer verhängnisvoller Herdentrieb
von Kapitalanlegern, lässt sich hiermit nicht steuern. Die

Möglichkeiten zu einer Vermeidung künftiger Krisen sind daher, wie uns die moderne Verhaltensökonomie (Behavioral Economics) zeigt, begrenzt. Vertreter dieser Wissenschaftsdisziplin bleiben aber bei Aussagen darüber, in welchen Situationen Menschen irrational handeln, nicht stehen. Manche Verhaltensökonomen meinen, die Politik solle Menschen dabei helfen, zu „besseren" Entscheidungen zu kommen. Gegenüber solchen Vorschlägen ist Vorsicht angezeigt: Politiker sind ebensowenig wie Verhaltensökonomen zu einer Entscheidung darüber berufen, was für ein Individuum die „richtige" Entscheidung ist. Auch wenn beispielsweise manchem Politiker und manchem Verhaltensökonomen die fehlende Bereitschaft vieler Menschen zur Organspende irrational erscheint, ist der Staat nicht dazu befugt, seine Entscheidung an die Stelle derjenigen des Individuums zu setzen.

Kapitel 8 (Das Recht: Eine Infrastruktur zur Ausübung von Freiheiten) entwickelt einen positiven Entwurf für die künftige Politikgestaltung. Die Rechtsordnung kann als eine vom Staat zur Verfügung gestellte Infrastruktur begriffen werden: Wenn Menschen friedlich und in Wohlstand miteinander leben wollen, benötigen sie Einrichtungen, die ihre Rechte schützen. Wer beispielsweise einen Vertrag geschlossen hat, muss in der Lage sein, seinen Vertragspartner auf Leistung des Versprochenen in Anspruch zu nehmen. Hierfür ist erforderlich, dass die Rechtsordnung Vertragsversprechen für verbindlich erklärt und Einrichtungen zu ihrer Durchsetzung bereitstellt. Im Beispielsfall des Vertragsschlusses unterstützt die Rechtsordnung die Menschen bei der Ausübung von Freiheiten: Die Möglichkeit zur verbindlichen Selbstverpflichtung erweitert ihre Handlungsspielräume. Stünde kein Rechtssystem bereit, um Verträgen notfalls zur Durchsetzung zu verhelfen, so wären womöglich viele Menschen zum Vertragsschluss nicht mehr bereit. Ein modernes arbeitsteiliges Zusammenleben wäre in einer solchen Situation nicht möglich.

Dieses Buch plädiert dafür, die Möglichkeit zur Ausübung von Freiheiten zur Richtschnur künftiger Gesetzgebung zu

machen: Vorschriften, die die Handlungsspielräume aller Beteiligten erweitern – wie die Möglichkeit zum Abschluss von
Verträgen – sind mit diesem Ansatz vereinbar. Rechtsregeln,
die Handlungsspielräume verengen, sind es nicht. Die fünf
im ersten Absatz dieser Einleitung genannten Beispiele bestehen diesen Test nicht: Glühbirnen-Verkaufsverbote, staatlich
fixierte Mindestlöhne, politisch festgesetzte EEG-Einspeise-
vergütungen, Mindestmaße für Bananen sowie Vorschriften, die Versicherungen einheitliche Tarife für Männer und
Frauen auch bei Unterschieden in den Risikostrukturen vorschreiben, erweitern nicht die Freiheit der Menschen.

Hat das Gesagte nur für die nationale oder auch für die
europäische Politik Bedeutung? Kapitel 9 (Epilog: Zur begrenzten Legitimität europäischer Rechtssetzung) legt dar,
dass eine freiheitenorientierte Gesetzgebung auch auf der
Ebene der europäischen Union Not tut. Immer häufiger grei-
fen europäische Vorschriften in Freiheiten der Bürger ein.
Aus dem friedensstiftenden und wohlstandsfördernden Projekt der europäischen Einigung ist auch ein Programm der
Freiheitsbeschränkungen geworden. Mitunter haben europa-
rechtliche Regelungen dieser Art allerdings in den Mitgliedstaaten ihren Ursprung. Nationale Politiker spielen in solchen Fällen „über die Bande": Eine politisch gewünschte
Regelung, beispielsweise ein „Antidiskriminierungs"-Gebot,
wird zunächst unter Mitwirkung der nationalen Regierungen
in einer europäischen Richtlinie verankert. Regt sich dann auf
nationaler Ebene Widerstand, kann darauf verwiesen werden,
dass die Mitgliedstaaten zur Umsetzung der EU-Richtlinie
im nationalen Gesetzesrecht verpflichtet seien.

Oft wird auf das bei der europäischen Gesetzgebung bestehende Demokratiedefizit hingewiesen: Bei vielen Rechtsmaterien hat das Parlament kein Initiativrecht; es ist, was die
Einbringung von Gesetzesvorschlägen betrifft, in der Hand
der Europäischen Kommission, also der Exekutive. Zudem
haben Europas Bürger in ganz unterschiedlichem Maß Einfluss auf die Zusammensetzung des Europäischen Parlaments: Ein Malteser Bürger hat bei der Abgeordnetenwahl

einen um das Zehnfache größeren Einfluss als ein Bürger Frankreichs, Großbritanniens oder Deutschlands.

Dieses Buch argumentiert, dass ein anderes Defizit viel schwerer wiegt: Auf der Ebene der Europäischen Union fehlen bisher die Voraussetzungen für eine inhaltliche öffentliche Debatte über Gesetzesvorhaben. Eine politische Auseinandersetzung in der Öffentlichkeit findet kaum statt. Dies ist leicht zu erklären: Die Wirksamkeit von Medien wie Fernsehen und Presse erstreckt sich bisher selten über das Gebiet eines Mitgliedstaates hinaus. Sprachbarrieren stehen der Entwicklung einer „europäischen Öffentlichkeit" bis auf weiteres entgegen. In der Konsequenz konzentrieren sich Politiker in ihrem kommunikativen Wirken meist auf das Gebiet ihres Heimatstaates. Auf diese Weise fallen die Ebene der verbindlichen politischen Festlegung und diejenige, auf der ein politischer Diskurs möglich ist, immer häufiger auseinander: Immer mehr Rechtsmaterien werden – mit Wirkung von Irland bis Rumänien, von Finnland bis Malta – durch europäische Vorschriften geregelt, ohne dass eine öffentliche Diskussion hierzu stattfindet. Das Recht entfremdet sich den Bürgern. Dieses Buch zieht aus dem Fehlen einer europäischen Öffentlichkeit eine einfache Folgerung: Europa muss bescheidener werden. Bevor Freiheiten durch Gesetz beschnitten werden, müssen die betroffenen Menschen die Möglichkeit zum öffentlichen Diskurs haben. Es muss die Möglichkeit bestehen, durch eine öffentliche und auch veröffentlichte Debatte auf die Meinungsbildung in den europäischen Institutionen – Kommission, Rat und Parlament – einzuwirken. Praktisch bedeutet das: Solange eine europäische Öffentlichkeit nicht existiert, erscheint der europäische Gesetzgeber nicht zum Erlass freiheitsbeschränkender Verordnungen oder Richtlinien legitimiert.

2. Wie unser Recht wuchert

Einige Zahlen

Das Rechtssystem ist – auch für Fachleute – nicht mehr zu überschauen. Das Recht der Europäischen Union umfasst rund 20 000 Rechtsakte (hierzu auch Kapitel 9). In Deutschland sind – geschätzt – über 5 000 Bundesgesetze und -verordnungen in Kraft, die oft eine Vielzahl von Einzelvorschriften enthalten. Auf einer weiteren Ebene kommt eine große Zahl von Gesetzen und Verordnungen der sechzehn Bundesländer hinzu. Zu vielen dieser Regelwerke, die meist aus einer nicht geringen Zahl von Paragraphen bestehen, existiert eine behördliche und zum Teil auch gerichtliche Entscheidungspraxis, die allenfalls Experten im Detail kennen. Das permanente Anwachsen des Rechtsstoffes hat zu einer immer weitergehenden Spezialisierung geführt. Zwar wird die juristische Welt von vielen noch immer zunächst in die drei großen Felder des Bürgerlichen Rechts, des Öffentlichen Rechts und des Strafrechts eingeteilt. Der Bereich, den der einzelne Jurist oder die einzelne Juristin innerhalb eines solchen Feldes wirklich zu beherrschen vermag, ist in den vergangenen Jahrzehnten aber kleiner geworden. Dies gilt nicht nur für Praktiker wie Richter und Anwälte, sondern auch für Rechtsprofessoren. Wer beispielsweise eine universitäre Lehrbefugnis für das Bürgerliche Recht und die ihm anverwandten Bereiche des Handels-, Gesellschafts- und Wirtschaftsrechts innehat, wird sich innerhalb dieses Spektrums als Wissenschaftler auf ein oder zwei Ausschnitte konzentrieren – etwas auf das Schuld- und das Familienrecht (als Ausschnitte aus dem weiten Feld des Bürgerlichen Rechts) oder auf das Gesellschafts- und das Kapitalmarktrecht (als Ausschnitte aus dem Bereich des Gesellschafts- und Wirtschaftsrechts). Versucht er demgegenüber einen größeren Bereich abzudecken, läuft er angesichts der schnellen Entwicklung und des Anwachsens insbesondere der Zahl ober- und höchstgerichtlicher Entscheidungen Gefahr, in mindestens einem Bereich zu dilettieren.

Die nachfolgende Beschreibung der in einigen Bereichen (Lebensmittel- und Berufsrecht, Subventions- und Steuerrecht) bestehenden Stofffülle soll nicht im Sinne einer Kritik an dieser Regelungsflut verstanden werden. Man mag – ganz im Gegenteil – es sogar als eine besondere Ausprägung des Rechtsstaates ansehen, wenn vieles durch Rechtsnormen geregelt ist. Gesetze und Verordnungen begrenzen Entscheidungsspielräume von Behörden und Gerichten. Auf diese Weise beugen sie willkürlichen Entscheidungen vor. Nicht die schiere Masse an Rechtsregeln ist es, die Bedenken weckt, sondern die oft interessengesteuerte Art und Weise, in der viele von ihnen zustande kommen (hierzu Kapitel 3). Vielen Regelungen ist nicht ohne Weiteres anzusehen, dass sie protektionistische Wirkungen haben.

Wer sich einen Eindruck von der (allein) auf der Ebene des Bundesrechts bestehenden Normenflut verschaffen möchte, mag das Gesamtverzeichnis eines elektronischen Gesetzesportals wie „Das Deutsche Bundesrecht" (Nomos Verlag) oder „Gesetze im Internet" (Bundesministerium der Justiz in Kooperation mit der juris GmbH) studieren. Der Verfasser hat das alphabetische Gesamtverzeichnis des zuerst genannten Portals – das nach Art eines Inhaltsverzeichnisses die Namen der Bundesgesetze und -verordnungen auflistet – ausgedruckt und bereits dabei ein Konvolut von rund 160 eng bedruckten Seiten erhalten. Bei einer Durchsicht dieser Seiten fällt auf, dass gewisse Themen häufig wiederkehren.

Beispiel I: Lebensmittelrecht

Eine große Zahl von Bundesgesetzen und -verordnungen hat die Erzeugung von und den Handel mit Lebensmitteln zum Gegenstand. Vielfach dienen diese Vorschriften der Durchführung von Bestimmungen des europäischen Unionsrechts.

In den Rechtsportalen finden sich beispielsweise die folgenden Regelwerke:

Verordnung über das Inverkehrbringen bestimmter Lebensmittel aus Albanien; Verordnung über Qualitätsnormen für Bananen; Verordnung über Vermarktungsnormen für Eier; Verordnung über den Höchstgehalt an Erukasäure in Lebensmitteln; Verordnung über den Verkehr mit Essig und Essigessenz; Verordnung zur Durchführung des Fischetikettierungsgesetzes; Verordnung über Fleisch und Fleischerzeugnisse; Honigverordnung; Käseverordnung; Verordnung über Kaffee, Kaffee- und Zichorien-Extrakte; Verordnung über Kakao- und Schokoladenerzeugnisse; Verordnung zur Durchführung der Marktordnungsvorschriften über die Verwendung von Kasein und Kaseinat zur Herstellung von Käse und Erzeugnissen aus Käse; Verordnung über koffeinhaltige Erfrischungsgetränke; Verordnung über Konfitüren und einige ähnliche Erzeugnisse; Gesetz über den Verkehr mit Milch, Milcherzeugnissen und Fetten; Verordnung über EU-Normen für Obst und Gemüse; Verordnung über gesetzliche Handelsklassen für Schafffleisch.

Beispiel II: Berufsregelungen

Der Zugang zu Berufen ist in Deutschland stark reguliert. Das Bundesinstitut für Berufsbildung (BiBB) listet auf seiner Webseite 344 staatlich anerkannte Ausbildungsberufe auf.[2] Hierzu zählen weithin verbreitete Berufe wie *Änderungsschneider, Chemielaborant, Fliesen-, Platten- und Mosaikleger, Florist, Fotograf, Gärtner, Gebäudereiniger, Hotelkaufmann, Immobilienkaufmann, Koch, Kraftfahrzeugservicemechaniker, Parkettleger, Raumausstatter, Rechtsanwalts- und Notarfachangestellter, Schornsteinfeger, Tankwart, Uhrmacher* und *Zahntechniker* (die weibliche Bezeichnung wurde mit Rücksicht auf die Aufnahmefähigkeit von Lesern und Leserinnen nicht eigens aufgeführt).

Auch viele weniger bekannte Berufe haben eigene Ausbildungsregelungen erfahren. Beispielhaft seien die folgenden Tätigkeiten genannt, die gleichfalls staatlich anerkannte Ausbildungsberufe darstellen: *Asphaltbauer, Ausbaufacharbeiter,*

Automatenfachmann, Bauwerksabdichter, Binnenschiffer,
Bogenmacher, Böttcher, Brauer und Mälzer, Brenner, Büh-
nenmaler und -plastiker, Bürsten- und Pinselmacher, Dekor-
vorlagenhersteller, Destillateur, Diamantschleifer, Draht-
warenmacher, Drahtzieher, Drechsler (Elfenbeinschnitzer),
Edelsteinfasser, Edelsteinschleifer, Elektroniker für luftfahrt-
technische Systeme, Fachangestellter für Markt- und Sozial-
forschung, Fachangestellter für Bäderbetriebe, Fachkraft für
Abwassertechnik, Fachkraft für Fruchtsafttechnik, Fachkraft
für Lederverarbeitung, Fachkraft für Schutz und Sicherheit,
Fachkraft für Süßwarentechnik, Fachlagerist, Federmacher,
Figurenkeramformer, Film- und Videoeditor, Flachglasme-
chaniker, Flechtwerkgestalter, Fräser, Gerber, Glas- und Por-
zellanmaler, Graveur, Handzuginstrumentenmacher, Invest-
mentfondskaufmann, Isolierfacharbeiter, Kabeljungwerker,
Kürschner, Lacklaborant, Leichtflugzeugbauer, Leuchtröh-
renglasbläser, Oberflächenbeschichter, Packmitteltechnologe,
Revierjäger, Revolverdreher, Rollladen- und Sonnenschutz-
mechatroniker, Segelmacher, Servicefachkraft für Dialogmar-
keting, Teilezurichter, Speiseeishersteller, Thermometerma-
cher, Vergolder.

Insbesondere: Meisterzwang. Gesteigerte Aufmerksamkeit verdienen diejenigen Tätigkeiten, vor deren Ausübung
besondere Hürden zu überwinden sind. Hier ist in erster
Linie an Anforderungen zu denken, die im allgemeinen mit
dem Schlagwort des „Meisterzwangs" umschrieben werden: Nach § 1 der Handwerksordnung ist der selbständige
Betrieb eines zulassungspflichtigen Handwerks in der
Form des „stehenden" (d. h. eines niedergelassenen) Gewerbes nur den in der Handwerksrolle eingetragenen natürlichen und juristischen Personen und Personengesell-
schaften gestattet. In die Handwerksrolle wird eingetragen,
wer in dem von ihm zu betreibenden oder in einem mit
diesem verwandten zulassungspflichtigen Handwerk die
Meisterprüfung bestanden hat. Zudem können Ingenieure,
Absolventen von technischen Hochschulen und von staatlichen oder staatlich anerkannten Fachschulen für Technik

und für Gestaltung mit dem zulassungspflichtigen Handwerk eingetragen werden.

Zu diesen Gewerben – für deren stationäre Ausübung ein Meisterbrief (großer Befähigungsnachweis) oder abgeschlossenes Studium erforderlich ist – zählen nach Anlage A zur Handwerksordnung: *Maurer und Betonbauer, Ofen- und Luftheizungsbauer, Zimmerer, Dachdecker, Straßenbauer, Wärme-, Kälte- und Schallschutzisolierer, Brunnenbauer, Steinmetzen und Steinbildhauer, Stukkateure, Maler und Lackierer, Gerüstbauer, Schornsteinfeger, Metallbauer, Chirurgiemechaniker, Karosserie- und Fahrzeugbauer, Feinwerkmechaniker, Zweiradmechaniker, Kälteanlagenbauer, Informationstechniker, Kraftfahrzeugtechniker, Landmaschinenmechaniker, Büchsenmacher, Klempner, Installateur und Heizungsbauer, Elektrotechniker, Elektromaschinenbauer, Tischler, Boots- und Schiffbauer, Seiler, Bäcker, Konditoren, Fleischer, Augenoptiker, Hörgeräteakustiker, Orthopädietechniker, Orthopädieschuhmacher, Zahntechniker, Friseure, Glaser, Glasbläser und Glasapparatebauer, Mechaniker für Reifen- und Vulkanisationstechnik.*

Im Gesetzentwurf zur Handwerksnovelle von 2004 war zunächst eine weitgehende Reduzierung der Tätigkeiten mit Meisterzwang von zuvor 94 auf 29 Berufe angestrebt worden. Der Deutsche Fleischerverband schildert die sich anschließende Auseinandersetzung wie folgt: „Nach monatelangem Kampf um den Erhalt der meisterlichen Qualifikation wertet der Deutsche Fleischer-Verband den im Vermittlungsausschuss von Bundestag und Bundesrat erzielten Kompromiss zur Novelle der Handwerksordnung als klaren Erfolg. Die Einigung zwischen Bundesregierung und Opposition sieht vor, dass die Liste der Berufe, die auch zukünftig in der Anlage A der Handwerksordnung geführt werden, bei denen also die Meisterpflicht weiterhin gilt, von den ursprünglich geplanten 29 auf 41 erweitert wird. Darunter sind auch das Fleischerhandwerk sowie die weiteren Lebensmittelhandwerke. Manfred Rycken, Präsident des Deutschen Fleischer-Verbandes, sieht diese Entscheidung auch als eine Folge der

engagierten und überzeugenden Lobbyarbeit der fleischer-
handwerklichen Organisationen. Die zahlreichen öffentlichen Wortmeldungen, Briefe an Bundestagsabgeordnete
und Gespräche mit politisch Verantwortlichen aller Parteien
in den letzten Monaten hätten sich schließlich ausgezahlt."[3]
Der ursprüngliche, auf eine weitgehende Beseitigung des
Meisterzwangs gerichtete Gesetzentwurf hatte als Rechtfertigung für das Erfordernis der Meisterprüfung nur noch den
„Schutz vor Gefahren für Gesundheit oder Leben von Dritten" anerkennen wollen. Hiermit wäre bei einer großen Zahl
von Berufen eine Meisterpflicht nicht mehr zu begründen gewesen: Dass von der Tätigkeit von Friseuren, Konditoren
und Malern eine größere Gefahr für Gesundheit und Leben
Dritter ausgeht als von der Aktivität anderer, nicht durch
Meisterzwang geschützter Berufe, ist nicht ohne weiteres er-
kennbar. Erst die – wie der Präsident des Deutschen Fleischer-Verbandes freimütig formuliert – „Lobbyarbeit" der
Vertreter zahlreicher Berufe hat die geplante weitergehende
Liberalisierung zu Fall gebracht. Dies „zahlt" sich für die mit
Meisterprüfung ausgestatteten Angehörigen der betreffenden
Berufe tatsächlich „aus": Sie werden vor der Konkurrenz
durch andere Berufsträger, die nicht über einen Meisterbrief
verfügen, geschützt.

Insbesondere: Freie Berufe. Sogenannte „freie Berufe" er-
weisen sich im Hinblick auf den Zugang zu ihnen oft als ausgesprochen unfrei. Der Begriff des freien Berufs wird denn
auch nicht mit einer in diesem Bereich bestehenden Freiheit
erklärt; er geht offenbar auf Erwägungen von Autoren des
Altertums zu der Frage zurück, welche Berufe einer „freien
Person" würdig seien. Zum Selbstverständnis solcher *operae
liberales* gehört, dass – jedenfalls oft – die Erbringung geisti-
ger Leistungen im Vordergrund steht. Auch wird immer wieder betont, dass nicht das Gewinnstreben, sondern die
Verfolgung höherer Werte die Berufsausübung motiviere.[4]
Dessen ungeachtet gelten jedenfalls einige dieser Berufe –
etwa diejenigen der Ärzte, Zahnmediziner, Notare und Wirt-
schaftsprüfer – als durchaus einträglich.

Bei einer näheren Betrachtung fällt auf, dass in Bereichen, in denen der Zugang besonders stark beschränkt ist, besonders hohe Einkommen erzielt werden. Einer vom Bundesministerium der Finanzen veröffentlichten Untersuchung zufolge verdienten im Jahr 2004 freiberuflich tätige *Notare* (sogenannte Nur-Notare, die nicht zugleich Rechtsanwälte sind) im Durchschnitt 151 469 Euro.[5] Der Zugang zum Notarberuf ist stark reglementiert. Im Unterschied zu zahlreichen anderen freien Berufen, bei denen der Zugang nur durch hohe Qualifikationsanforderungen gesteuert wird, besteht beim sogenannten Nur-Notariat eine Kombination aus *qualitativen* und zusätzlichen *quantitativen Beschränkungen*: In Bayern, Brandenburg, Hamburg, Mecklenburg-Vorpommern, Rheinland-Pfalz, im Saarland, Sachsen, Sachsen-Anhalt, Thüringen sowie in Teilen Baden-Württembergs und Nordrhein-Westfalens setzt die Aufnahme des Notarberufs erstens ein mit Staatsexamen abgeschlossenes juristisches Studium, zweitens einen mit Examen abgeschlossenen juristischen Vorbereitungsdienst (Referendariat) und drittens eine in der Regel dreijährige Tätigkeit als Notarassessor voraus. Erst nach dieser rund zehn Jahre währenden Ausbildungszeit kann sich ein Notarassessor auf eine der knappen „Notarstellen" bewerben.

Eine entscheidende Stellschraube für den Zugang zum Notarberuf ist in den genannten Ländern die Bedarfsprüfung: Gemäß § 4 der Bundesnotarordnung werden nur „so viele Notare bestellt, wie es den Erfordernissen einer geordneten Rechtspflege entspricht." Eine solche Bedarfsprüfung ist in einer Marktwirtschaft ungewöhnlich und begründungsbedürftig. Schon 1991 hat die Deregulierungskommission festgestellt, welche Folgen diese in zahlreichen Bundesländern bestehende Abschottung der Notarzunft hat: Die Bedarfsprüfung – die die Zahl der zugelassenen Notare strikt limitiert – führt im System des sogenannten Nur-Notariats zu einem besonders hohen Einkommensniveau, welches den Beruf (auch) für Spitzenabsolventen der juristischen Ausbildung attraktiv macht. Da für den begehrten Berufszugang in

erster Linie auf die von den Bewerbern erzielten Examenser-
gebnisse abgestellt wird, sammeln sich im lukrativen Nur-
Notariat fast ausschließlich Spitzenjuristen. Dies kann – im
Verein mit der Spezialisierung von Nur-Notaren – zu einer
hohen Qualität der erbrachten Dienstleistungen beitragen.
Die Kehrseite einer solchen Konzentration von Spitzenkräften in einem Berufszweig ist freilich, dass die betreffenden
Absolventen für andere, volkswirtschaftlich womöglich
wichtigere Verwendungen in Verwaltung, Unternehmen,
Rechtspflege oder Wissenschaft nicht zur Verfügung stehen.
Der staatliche Eingriff in den Markt für Notardienstleistun-
gen und die damit verbundene Einkommensverzerrung kann
hiernach zu einer Beschäftigung von Spitzenkräften in einem
Bereich führen, in dem sie ihr Potential möglicherweise nicht
ausschöpfen.[6]

Dass es anders geht, zeigt ein Blick in die Niederlande:
Dort wurde im Jahr 1999 die staatliche Bedarfsprüfung –
und damit die zahlenmäßige Zugangsbeschränkung – im Bereich des Notariats abgeschafft. Zudem bestehen keine festen
Gebührensätze mehr. Die Zahl der Amtsträger ist seither gestiegen, die Gebühren sind jedenfalls in einzelnen Bereichen,
etwa bei der Beurkundung von Grundstücksgeschäften, stark
gesunken, ohne dass erhebliche Missstände bekannt geworden wären.[7]

Beispiel III: Subventions- und Steuergesetzgebung
Öffentliche Beihilfen begünstigen bestimmte Branchen, Be-
rufs- oder Bevölkerungsgruppen. Aus den beiden letzten
Subventionsberichten der Bundesregierung geht hervor, dass
die Zuwendungen (d. h. Finanzhilfen und Steuervergünstigungen) aus öffentlichen Mitteln in Deutschland im vergangenen Jahrzehnt in ihrer absoluten Höhe weitgehend stabil
geblieben sind. Allerdings gab es im Jahr 2009, als die
Bundesrepublik in Reaktion auf die Auswirkungen der Finanzkrise ein sogenanntes Konjunkturpaket mit einem Ge-
samtvolumen in dreistelliger Milliardenhöhe schnürte, vorü-
bergehend eine deutliche Steigerung der Finanzhilfen.[8] Für

die folgenden Jahre sehen die Planungen demgegenüber einen Rückgang der Subventionsgewährung vor.[9]

Aufschlussreich ist ein Vergleich der Subventionsquoten verschiedener Staaten: Der Gesamtumfang der Beihilfen ist, gemessen am Bruttoinlandsprodukt, in Deutschland größer als im Durchschnitt der EU-Länder. Für das Jahr 2007, für das detaillierte Angaben vorliegen, gibt der 22. Subventionsbericht einen Anteil der staatlichen Beihilfen (ohne Landwirtschaft, Fischerei und Verkehr) von 0,58 % am Bruttoinlandsprodukt an. In Großbritannien und Italien lag dieser Wert bei 0,25 %, in Frankreich bei 0,37 %, im EU-Durchschnitt bei 0,4 %.[10] Auch im Jahr 2009, für das lediglich Zahlen mit nur einer Nachkommastelle bekannt sind, war die Subventionsquote in Deutschland höher als im EU-Durchschnitt.[11]

Die Subventionsberichte der Bundesregierung unterscheiden zwischen *Finanzhilfen* und *Steuervergünstigungen*. Unter Finanzhilfen werden Geldleistungen verstanden, die privaten Unternehmen oder ganzen Wirtschaftszweigen zugutekommen. Steuervergünstigungen stellen demgegenüber steuerliche Ausnahmeregelungen dar, die zu Mindereinnahmen führen.[12] Beide Formen von Subventionen entfalten ähnliche Wirkungen. Sie können unwirtschaftliche, im Wettbewerb ansonsten chancenlose Aktivitäten begünstigen, zu einer Abhängigkeit von Unternehmen von der Subventionsgewährung führen und notwendige Strukturanpassungen behindern. Steuervergünstigungen werden oft nach einiger Zeit nicht mehr als Subvention wahrgenommen und dementsprechend unabhängig vom Fortbestehen des ursprünglichen Grundes ihrer Einräumung wie Besitzstände verteidigt.

Finanzhilfen. Der Subventionsbericht zeichnet ein buntes Bild von den in Deutschland gewährten öffentlichen Hilfen. Unter den Finanzhilfen stehen Zuschüsse für den Absatz deutscher Steinkohle mit über 1,3 Milliarden Euro jährlich weiterhin an erster Stelle. Allerdings soll die staatliche Steinkohlesubventionierung bis 2018 auslaufen. Im Rahmen eines „sozialverträglich" ausgestalteten Übergangs wird ein „An-

passungsgeld" gewährt, das die Steuerzahler im Jahr 2010 je
betroffenen Steinkohle-Arbeitsplatz rund 63 000 Euro kos-
tete.[13]

Einen Schwerpunkt der Subventionsaktivitäten bildet in
neuerer Zeit die Förderung bestimmter Energien. So werden
Investitionskostenzuschüsse für Sonnenkollektoren, Bio-
masseanlagen und Wärmepumpen gewährt. Im Rahmen des
Energiekonzepts der Bundesregierung werden Fördermaß-
nahmen für die energetische Gebäudesanierung gewährt.[14]
Zudem leistet die Bundesrepublik Finanzhilfen für For-
schungs- und Entwicklungsaktivitäten der Automobilindus-
trie im Bereich der Elektromobilität. Kritiker bemängeln,
dass auf diese Weise bestimmte Technologien (zum Beispiel
reine Elektroautos) durch staatliche Intervention bevorzugt
würden, obwohl noch nicht erwiesen sei, dass sie die mit
ihnen verfolgten Ziele (namentlich des Umweltschutzes) besser erreichten als andere, konkurrierende Technologien.

Auch Maßnahmen, die offensichtlich bestimmte Branchen
begünstigen, werden mitunter umweltpolitisch verbrämt. So
wurde eine für die Käufer von Neuwagen bei gleichzeitiger
Stilllegung eines Pkw gewährte Abwrackprämie in Höhe
von 2 500 Euro je Fahrzeug im Gesetz als „Umweltprämie"
bezeichnet. Kritiker bemängelten, dass der Energieaufwand
und die CO_2-Emissionen der Produktion eines Neufahrzeu-
ges und der Verschrottung eines Alt-Pkw bei der gesetzgeberischen Folgenabschätzung nicht in Rechnung gestellt worden seien.

Die im Folgenden wiedergegebenen Auszüge aus dem Ge-
setzesportal „Das Deutsche Bundesrecht" geben einen Hinweis darauf, wie vielgestaltig das Förderwesen in Deutschland
ist. Die hier gegebene – willkürliche – Auswahl erscheint in
Teilen wie ein Kuriositätenkabinett. Allerdings gibt die Übersicht einen Hinweis darauf, dass weiterhin der Agrarsektor
einen Schwerpunkt der Subventionspolitik bildet. Oft dienen
die hier gegebenen Beihilfen der Durchsetzung europäischer
Agrarmarktvorschriften.

Verordnung über die Gewährung einer Denaturierungs-
prämie für Zucker (DenatPrämV); Verordnung zur Durch-
führung des EG-Rebflächenrodungsprogramms; Gesetz
über Maßnahmen zur Förderung des deutschen Films
(FFG); Verordnung zur verstärkten Förderung deutsch-fran-
zösischer Filmvorhaben (FVorhFördV F); Verordnung über
die Gewährung von Beihilfen für die private Lagerhaltung
von Fleisch und Fleischerzeugnissen von Schweinen, Rindern
und Schafen (FlLagBV); Verordnung über die Gewährung
von Beihilfen für Magermilch, die zu Kasein und zu Ka-
seinat verarbeitet worden ist (KaseinBV); Gesetz zur Modu-
lation von Direktzahlungen im Rahmen der Gemeinsamen
Agrarpolitik (ModG); Verordnung über die Gewährung von
Sonderbeihilfen für Magermilch und Magermilchpulver zur
Fütterung von Tieren außer jungen Kälbern (MagMilSBV);
Gesetz über ein Sonderprogramm mit Maßnahmen für
Milchviehhalter (MilchSoPrG); Verordnung über die Ge-
währung von Beihilfen für die private Lagerhaltung be-
stimmter Milcherzeugnisse (MilchProdLagBV); Verordnung
über die Gewährung von Beihilfen für Magermilch und Ma-
germilchpulver (MMilchBV); Verordnung über die Gewäh-
rung von Prämien für die Rodung von Apfel-, Birn- und
Pfirsichbäumen (ObstBRodV); Verordnung über die Ge-
währung von Prämien für die endgültige Aufgabe des Wein-
baus (RebFlRodV); Verordnung über die Gewährung von
Produktionserstattungen für die Verwendung von Zucker
(ZuErstBV); Verordnung über die Gewährung von Beihilfen
für Schulmilch (SchMilchBV); Saatgutbeihilfeverordnung
(SaatgutBV); Verordnung über die Gewährung von Beihil-
fen für die private Lagerhaltung von Weißzucker (Weißzu-
ckerBhV).

Steuervergünstigungen. Auch bei den Steuervergünstigungen ergibt sich der Eindruck einer wenig konsistenten Politik. Vielmehr scheinen Vergünstigungen mitunter danach ein-
geräumt zu werden, ob eine bestimmte Interessengruppe im
politischen Prozess größere Durchsetzungskraft entwickelt
als andere.

Wieder bietet die *Landwirtschaft* ein anschauliches Beispiel: Betriebe der Land- und Forstwirtschaft erhalten auf
Antrag die für verbrauchtes Dieselöl geleistete Mineralöl-
steuer zu einem erheblichen Teil zurückerstattet. Je 1 000 Li-
ter *Agrardiesel* sinkt ihre Steuerbelastung auf diese Weise von
über 470 Euro auf rund 250 Euro.

Viel Aufsehen erregte die zum Jahr 2010 in Kraft gesetzte
Senkung des *Umsatzsteuersatzes für Hotelübernachtungen*
von 19 auf 7 Prozent. Weniger bekannt ist, wie viele Gewerbe
resp. Waren von reduzierten Mehrwertsteuersätzen profitieren: Der ermäßigten Steuer unterliegen zum Beispiel auch
Umsätze mit *lebenden Tieren* (das Gesetz nennt ausdrücklich
Maultiere und Maulesel, Hausziegen einschließlich reinras-
siger Zuchttiere, Hauskaninchen, Haustauben, Bienen und
ausgebildete Blindenführhunde, während der Handel mit
Pferden seit einer Gesetzesänderung von 2012 dem vollen
Satz von 19 Prozent unterliegt). Ebenso unterliegen dem ermäßigten Satz Umsätze mit *Kaffee, Tee, Mate und Gewürze,
Müllereierzeugnisse wie Mehl, Grobgrieß, Feingrieß und Pel-
lets von Getreide, Zucker und Zuckerwaren, tierische oder
pflanzliche Düngemittel (mit Ausnahme von Guano), Brenn-
holz, Sägespäne, Holzabfälle und Holzausschuss, Bücher,
Zeitungen und andere Erzeugnisse des grafischen Gewerbes
(mit Ausnahme jugendgefährdender Schriften), Kunstgegen-
stände wie Gemälde und Zeichnungen, Sammlungsstücke
zoologischer, botanischer, mineralogischer oder anatomischer
Art sowie kursungültige Banknoten.* Schließlich kommen beispielsweise die *Dienstleistungsgewerbe* der *Zahntechniker* sowie der *Kino-, Zirkus- und Schwimmbadbetreiber* in den Genuss des reduzierten Umsatzsteuersatzes.

Auch das Einkommensteuerrecht differenziert in mitunter
schwer nachzuvollziehender Weise: Wieder erfahren *Land-
und Forstwirte* eine günstigere Behandlung. So kommen
Land- und Forstwirte, deren Einkommen 30 700 Euro (bei
gemeinsam veranlagten Ehegatten 61 400 Euro) nicht übersteigt, in den Genuss besonderer Freibeträge. Land- und
Forstwirte mit Betrieben von bis zu 20 Hektar bewirtschafte-

ter Fläche können unter bestimmten Voraussetzungen sogar
eine pauschale Gewinnermittlung nach sogenannten Durch-
schnittssätzen verlangen. Der Bundesrechnungshof hat an
dieser Praxis wegen daraus resultierender „Besteuerungs-
lücken" Kritik geübt.

Eine steuerliche Privilegierung genießen auch Personen,
die für tatsächlich geleistete *Sonntags-, Feiertags- oder Nachtarbeit* Gehaltszuschläge erhalten. Diese Zuschläge sind gänz-
lich steuerbefreit, soweit sie für Nachtarbeit 25 Prozent, für
Sonntagsarbeit 50 Prozent, für Arbeit am 31. Dezember ab
14 Uhr und an den gesetzlichen Feiertagen 125 Prozent und
für Arbeit am 24. Dezember ab 14 Uhr, am 25. und 26. Dezember sowie am 1. Mai 150 Prozent des Grundlohns nicht
übersteigen.

Eine eigenartige Steuervergünstigung stellt schließlich die
Entfernungspauschale (in den Medien als Pendlerpauschale
bezeichnet) dar. Arbeitnehmer können Aufwendungen für
den Weg zur Arbeitsstätte steuermindernd in Ansatz bringen.
Nach der im Jahr 2012 geltenden Regelung vermindert sich
das zu versteuernde Einkommen je Entfernungskilometer
und Tag um 0,30 Euro. Je weiter entfernt ein Arbeitnehmer
vom Arbeitsplatz wohnt, um so geringer wird seine Steuer-
last. Wer beispielsweise 50 km vom Arbeitsplatz entfernt
wohnt, kommt bei 230 Arbeitstagen auf eine Minderung des
zu versteuernden Jahreseinkommens um 3 450 Euro. In Abhängigkeit von der (einkommensabhängigen) Grenzsteuer-
belastung kann hierdurch ein Netto-Steuervorteil in der Größenordnung von 1 500 Euro entstehen.

Gegner der Entfernungspauschale bringen vor, es sei Pri-
vatangelegenheit des Arbeitnehmers, wo er seine Wohnung
nehme. Mit diesem Argument strich der Bundesgesetzgeber
die Pauschale zum 1. Januar 2007 und machte lediglich eine
Ausnahme für Arbeitnehmer mit einem besonders weiten
Anfahrtweg von mehr als 20 Kilometern. Das Bundesverfassungsgericht erklärte diese Neuregelung im Dezember 2008
für verfassungswidrig. Es erkannte zwar das Recht des
Steuergesetzgebers an, das System der Einkommenbesteue-

rung zu ändern, sah aber in der Differenzierung zwischen Arbeitnehmern mit Anfahrtwegen bis 20 Kilometer und solchen mit längeren Wegen eine nicht zu rechtfertigende Ungleichbehandlung. Der Bundesgesetzgeber hätte demnach die Entfernungspauschale im Ganzen abschaffen können. Die halbherzige Regelung, die Arbeitnehmern mit besonders langer Anfahrtstrecke den Steuervorteil beließ, wurde aber für verfassungswidrig erklärt.[15] Der Gesetzgeber hat die Änderung nach dem Urteil des Verfassungsgerichts rückgängig gemacht und die ursprüngliche – die Entfernungspauschale allen Arbeitnehmern zugestehende – Rechtslage wieder hergestellt.

3. Der Einfluss der Interessen

Die Praxis der Gesetzgebung

Der idealisierenden Vorstellung, unabhängige Abgeordnete beschlössen frei und in voller Kenntnis der Tragweite ihres Tuns Gesetze, kann die Praxis aus verschiedenen Gründen nicht immer gerecht werden. Wer einmal die Bestimmungen des Zweiten Gesetzes zur Neuregelung energiewirtschaftsrechtlicher Vorschriften[16] und die dort verwendeten mathematischen Formeln betrachtet, wird schon wegen der Komplexität der geregelten Materie nicht auf den Gedanken kommen, dass die Mehrzahl der darüber abstimmenden Abgeordneten eine genaue Vorstellung vom Inhalt der beschlossenen Regelungen gehabt habe. Häufig fehlt den Abgeordneten auch die Zeit für eine eingehende Befassung mit Gesetzesvorlagen. In einer vierjährigen Legislaturperiode gehen den Abgeordneten mehr als 12 000 sogenannte Bundestag-Drucksachen zu, die Gesetzentwürfe mit Begründungen, Anträge von Fraktionen oder der Bundesregierung und weitere mehr oder weniger wichtige Dokumente enthalten. Manche dieser Drucksachen umfassen nur eine Seite, andere wie die jährlichen Haushaltspläne jeweils mehr als 3 000 Seiten. Wer diese Konvolute betrachtet, der erkennt, dass eine sachliche Auseinandersetzung des Parlaments mit sämtlichen Gesetzesvorlagen ausgeschlossen ist. Auch die Verlagerung eines Teils der gesetzesvorbereitenden Maßnahmen in spezialisierte Parlamentsausschüsse vermag das Problem allenfalls zu lindern, nicht aber auszuräumen: Insbesondere bei wichtig erscheinenden Gesetzgebungsprojekten führen Bundestagsausschüsse Expertenanhörungen durch; mitunter erarbeiten sie Änderungsvorschläge. Solche Ausschussarbeit kann immerhin dazu führen, dass wenigstens einige der Abgeordneten, die später im Plenum ein Gesetz beschließen, sich mit Sachfragen auseinandersetzen.

Längst aber liegt die Gesetzgebungsmacht anderswo. Im besseren Fall liegt sie bei der Beamtenschaft der Ministerien, die für die jeweilige Regierung Gesetzentwürfe erarbeitet. Häufig ist in den Ministerien ein Expertenwissen vorhanden, das den Abgeordneten und ihren Mitarbeitern fehlt. Dies bedeutet zwar, dass das hehre, schon von *Montesquieu*[17] gepriesene Prinzip der Gewaltenteilung aufgehoben ist: Die Exekutive schafft faktisch mehr und mehr selbst die Regeln, die sie später auszuführen hat. Man sollte sich auch nicht der Illusion hingeben, dass Beamte ihr Handeln stets am Gemeinwohl ausrichten. Die Wissenschaftsdisziplin der *Neuen Politischen Ökonomie* (Public Choice) hat vielfach beschrieben, in welcher Weise Akteure im politischen Betrieb – auch Beamte – ihre eigene Agenda verfolgen und ihren persönlichen (Karriere-)Vorteil suchen können.[18] Immerhin bedeutet eine solche Machtverteilung aber, dass es nicht Vertreter von Partikularinteressen sind, die die sie selbst betreffenden Regelungen setzen.

Im schlechteren Fall ist die Ministerialbürokratie nicht in einer Weise ausgestattet, die ihr die kompetente Vorbereitung eines Gesetzesvorhabens erlaubt. Diese Situation ist häufig bei technischen Materien sowie bei solchen Themen gegeben, die nicht das Interesse einer breiten Öffentlichkeit finden. Hier haben in der Vergangenheit die von einer Regelung betroffenen Wirtschaftskreise bei der Gesetzgebung mitunter selbst Hand angelegt. Die zuständigen Ministerien haben die Hilfe gerne angenommen – sei es, weil es bei ihnen an spezieller Expertise fehlte, sei es, weil die dünne Personaldecke eines Ministeriums eine eigenständige Erarbeitung nicht zuzulassen schien. Hilfe der beschriebenen Art ist einerseits von Unternehmen der betroffenen Branche geleistet worden; häufiger ist sie von Anwaltssozietäten erbracht worden, die auch für Unternehmen der jeweiligen Wirtschaftszweige tätig waren. Einem Medienbericht zufolge waren bei der Vorbereitung von mindestens siebzehn unter der Großen Koalition zwischen 2005 und 2009 beschlossenen Gesetzen externe Berater beschäftigt.[19]

Lobbyismus in Gesetzgebungsverfahren

Dass bei der interessengeleiteten Beratung und Beeinflussung von Regierung und Parlament erheblicher Aufwand getrieben wird, macht ein Blick in die sogenannte *Lobbyliste*[20] deutlich: Auf mehr als 680 Seiten listet dieses beim Präsidenten des Deutschen Bundestages geführte öffentliche Verzeichnis über 2 000 Interessenverbände auf, die sich selbst als solche haben registrieren lassen. Die Liste reicht (in alphabetischer Sortierung) von *„ABDA (Bundesvereinigung Deutscher Apothekerverbände)"* bis *„Zweirad-Industrie-Verband (ZIV)"*. Tatsächlich dürfte die Zahl der Interessenvertretungen deutlich größer sein: Die Eintragung in das Register ist freiwillig. Zudem steht sie nur Verbänden offen. Einzelne Unternehmen, die oft ebenfalls politiknahe Büros unterhalten, finden sich in der Liste ebensowenig wie Einzelpersonen oder auf Lobbyarbeit spezialisierte Dienstleister. Tatsächlich entfalten auch Beratungsunternehmen und Anwaltssozietäten zunehmend Lobbyaktivitäten für Unternehmen und Verbände.

Eine immer weiter voranschreitende Professionalisierung und Kommerzialisierung der Lobbyarbeit ist nicht nur in Berlin, sondern auch in anderen Hauptstädten und namentlich am Sitz von EU-Kommission, Rat und Parlament zu beobachten: in Brüssel. Je weiterreichend das europäische Recht auf die Rechts- und Lebensverhältnisse in den Mitgliedstaaten einwirkt, um so größer wird das Interesse der betroffenen Wirtschaftszweige an einer Begleitung von Gesetzgebungsaktivitäten der Union. Kommission und EU-Parlament bemühen sich im Hinblick auf das Wirken von Interessenvertretungen seit langem um eine Steigerung der Transparenz. In einem öffentlich zugänglichen Register sind – aufgrund freiwilliger Meldung – derzeit über 5 000 Organisationen und Einzelpersonen verzeichnet.[21] Eingetragene Institutionen und Personen erhalten Zugang zu den Parlamentsgebäuden; sie verpflichten sich zur Einhaltung bestimmter Verhaltensregeln.

Eine Bewertung der Situation muss von einem selbstverständlichen Recht aller Bürger und Unternehmen ausgehen, in und außerhalb von Gesetzgebungsverfahren ihre Sichtweisen und Belange vorzutragen. Eine Verbreiterung der Informationsbasis von Beamten und Parlamentariern kann der Rechtsetzung durchaus zugute kommen. Im Idealfall sind alle betroffenen Interessen repräsentiert, so dass die an der Gesetzgebung mitwirkenden Personen über umfassende Informationen verfügen und ein ausgeglichenes Bild von der Interessen- und Meinungslage haben. Die Realität entspricht freilich oft nicht diesem Idealbild: In der praktischen Gesetzgebung sind in vielen Fällen nicht alle betroffenen Interessen repräsentiert. Es gibt einerseits sehr gut organisierte und andererseits überhaupt nicht vertretene Belange. So sind mancher Berufsstand und manche Industrie hervorragend organisiert, während weit gestreute Interessen mitunter gar keine Vertretung erfahren.

Ein Beispiel: Der Finanzsektor

In Fachkreisen gilt es als offenes Geheimnis, dass das Investmentgesetz von 2003 unter Mitwirkung von Angehörigen der interessierten Branche zustandegekommen ist. Der Bundesverband Deutscher Investment-Gesellschaften BVI „half" dem mit vergleichsweise wenig fachlicher Expertise versehenen Bundesfinanzministerium durch Zurverfügungstellung einer eigenen Mitarbeiterin aus. Eine damalige Staatssekretärin im Bundesfinanzministerium erläuterte den Vorgang auf die parlamentarische Anfrage eines Abgeordneten wie folgt: „Im Hinblick auf die Eilbedürftigkeit des Gesetzes war es sinnvoll, über die Anhörung der betroffenen Wirtschaftskreise einschließlich der Verbraucherverbände hinaus die fachliche Erfahrung der betreffenden Mitarbeiterin unmittelbar in die Arbeit des Ministeriums einzubeziehen und sich so ihr Know-how kurzfristig nutzbar zu machen. (...) Für diese Arbeiten werden vertiefte Spezialkenntnisse aus dem Bereich des Kapitalmarkts benötigt, insbesondere um eine Einschätzung der möglichen Auswirkungen von Gesetzgebungsvorhaben der Bundesregierung auf die betreffenden Unternehmen und den Kapitalmarkt als Ganzes vornehmen zu können."[22] Mit dem Gesetz wurde das Investmentwesen in Deutschland weitgehend liberalisiert: Es wurde erstmals die Möglichkeit zur Auflegung und zum Vertrieb von wenig regulierten Hedge-Fonds in Deutschland geschaffen.

Die Heranziehung „externen" Sachverstandes ist seit 2008 durch eine „Allgemeine Verwaltungsvorschrift" geregelt.[23] Diese Regelung lässt die Beschäftigung solcher Personen beispielsweise in Bundesministerien unter bestimmten Voraussetzungen zu, legt ihr aber Grenzen auf. So wird eine *Formulierung* von Gesetzentwürfen durch externe Personen für „grundsätzlich" unzulässig erklärt. Zudem ist vorgesehen, dass das Bundesministerium des Innern dem Haushalts- und dem Innenausschuss des Deutschen Bundestages mindestens einmal jährlich über den Einsatz von außen hinzugezogener Personen bei Bundesbehörden berichtet. Eine Veröffentlichung solcher Berichte sieht die Vorschrift nicht vor.

Vom Anwendungsbereich der zuletzt genannten Verwaltungsvorschrift sind „entgeltliche Auftragsverhältnisse, die Beratungs- oder sonstige Dienstleistungen zum Gegenstand haben", ausdrücklich ausgenommen. Bundesministerien können daher ohne die in der Vorschrift genannten Einschränkungen beispielsweise Rechtsanwaltssozietäten bei der Vorbereitung und Formulierung von Gesetzentwürfen beschäftigen. Tatsächlich finden solche Serviceleistungen im Finanzmarktrecht immer wieder statt. So ist das Finanzmarktstabilisierungsgesetz von 2008, auf dessen Grundlage der Bund in der Finanzkrise Beteiligungen an strauchelnden Banken erwarb und Garantien im Umfang von mehr als 100 Milliarden Euro aussprach, unter wesentlicher Mitwirkung einer englisch-deutschen Anwaltssozietät vorbereitet worden, die ansonsten vielfach für Banken tätig ist. Ein anderer von einem Bundesministerium im Jahr 2009 vorgelegter,

aber extern vorbereiteter Gesetzentwurf zur Änderung des
Kreditwesengesetzes erregte unter anderem deshalb Aufsehen, weil er zunächst auf dem Briefpapier einer – ansonsten
gleichfalls für Banken tätigen – internationalen Anwaltssozietät präsentiert wurde.[24]

4. Gerechtigkeit: Ein Ziel für die Politik?

Was ist Gerechtigkeit?

Die in den Kapiteln 2 und 3 gegebene Schilderung einer wuchernden, mitunter ohne erkennbaren Grund differenzierenden und oft interessengesteuerten Gesetzeslage legt die Frage nahe: Woran *sollte* die Politik sich ausrichten? Was sollte das Ziel praktischer Politik und namentlich der Gesetzgebung sein?

Politiker, Publizisten und Gewerkschafter beklagen eine zunehmende Ungerechtigkeit in der Gesellschaft. In einer Parteitagsrede vom 5. Dezember 2011 machte der SPD-Vorsitzende *Sigmar Gabriel* eine „soziale Schieflage" aus und begründete dies damit, dass in Deutschland „die Zahl der Einkommensmillionäre ... seit der Finanzmarktkrise vor drei Jahren um mehr als die Hälfte gestiegen" sei und „die Zahl von Haushalten mit Millionenvermögen sogar um ein Viertel".[25]

Ist es gerecht, wenn der Chef des VW-Konzerns mehr als das Hundertfache des durchschnittlich in seinem Unternehmen gezahlten Lohns verdient? Ist es gerecht, wenn Eltern nach der Geburt ihres Kindes Anspruch auf ein „Elterngeld" haben, das sich nach der Höhe ihres vorherigen Einkommens bemisst? Ist es gerecht, wenn Professoren ein höheres Gehalt haben als Rettungssanitäter, Krankenschwestern und Polizisten?

Beispiel I: Die Vergütung des Vorstandsvorsitzenden der Volkswagen AG

Nach Agenturmeldungen vom 12. März 2012 verdiente *Martin Winterkorn*, der Vorstandsvorsitzende der Volkwagen AG, im Jahr 2011 inkl. Sonderzahlungen rund 17.5 Millionen Euro. Damit nahm *Winterkorn* weit mehr als das

Hundertfache (und wohl auch deutlich mehr als das Zweihun-
dertfache) des Durchschnitts der Mitarbeiter der VW-AG ein,
die bei 100 000 Beschäftigten Lohn- und Gehaltskosten von
6.75 Milliarden Euro hatte. Ob eine solche Einkommensprei-
zung gerecht ist, ist nicht leicht zu ermessen. Gelegentlich ist
zu lesen, ein solcher Gehaltsunterschied *könne* nicht gerecht
sein. Eine Begründung wird in solchen Zusammenhängen
nicht gegeben. Allenfalls heißt es, die Arbeit des einen könne
nicht das Hundertfache der Arbeit des anderen wert sein.

Beginnt man über dieses Thema nachzudenken, so erweist
sich schnell, dass ein Urteil über die Gerechtigkeit oder Ungerechtigkeit einer bestimmten Gestaltung – etwa einer Einkommensgestaltung – einen Maßstab für die Beurteilung vo-
raussetzt. Wird Arbeit mit der physikalischen Definition als
das Produkt aus Weg und Kraft erfasst, so wird schnell deutlich, dass Herr *Winterkorn* nicht das Hundertfache eines
durchschnittlichen VW-Mitarbeitern verdient haben kann:
Er wird – verglichen mit vielen der in der Produktion Tätigen – nicht das Hundertfache an physischer Kraft aufge-
wandt haben. Auch wenn anstelle der physikalischen Definition eine Bemessung am Zeitaufwand erfolgt, kann der
Vorstandsvorsitzende nicht das Hundertfache seiner Mitarbeiter verdienen: Die Woche hat insgesamt 168 Stunden.
Selbst wenn man davon ausgeht, dass der Chef eines Welt-
konzerns ein immenses Arbeitspensum und wenig Freizeit
hat, wird er – da er gelegentlich schlafen, essen, etwas trinken
und sich entspannen muss – kaum mehr als 100 Stunden pro
Woche arbeiten. Damit dürfte er selbst bei Anlegung großzügiger Maßstäbe allenfalls dreimal so lange arbeiten wie ein
durchschnittlicher Arbeitnehmer des Volkswagen-Konzerns,
der nach einer in den 1990er Jahren erfolgten Absenkung der
Wochenarbeitszeit auf 4 Tage (28.8 Stunden) inzwischen zur
5-Tage-Woche zurückgekehrt ist.

Wer nicht allein Agenturmeldungen, sondern den Geschäftsbericht des Volkswagen-Konzerns studiert, erfährt,
dass die Vergütung von Herrn *Winterkorn* für das Jahr
2011 sich aus drei Bestandteilen zusammensetzt: Die fixe

Vergütung, zu der auch Sachzuwendungen wie die Überlassung von Dienstwagen und die Einräumung von Versicherungsschutz gerechnet werden, belief sich auf „nur" 1 886 206 Euro, also auf etwas mehr als ein Zehntel der Gesamtvergütung. Die anderen Bestandteile sind erfolgsbezogen: Der Vorstandsvorsitzende erhielt einen Bonus von 11.4 Millionen Euro, der sich an der Geschäftsentwicklung der vergangenen zwei Geschäftsjahre bemaß. Daneben wurde ihm eine an einer länger währenden Periode bemessene erfolgsabhängige Vergütung („Long-Term Incentive") in Höhe von insgesamt 4.53 Millionen Euro gewährt.[26]

Setzt man diese Zahlen zu anderen Kennzahlen des VW-Konzerns in Bezug, so erscheint die Vergütung nicht mehr astronomisch: Der Volkwagen-Konzern erzielte 2011 ein (Rekord-)Ergebnis vor Steuern von 18.9 Milliarden Euro (nach 9.0 Milliarden Euro im Vorjahr). Der Gewinn vor Steuern betrug also mehr als das Tausendfache der Bruttovergütung des Vorstandsvorsitzenden. War die Arbeit von Herrn *Winterkorn* deshalb – mit Blick auf diesen Gewinn – die 17.5 Millionen Euro wert, die er dafür bekam? Das wird, da der Beitrag dieser Arbeit zum Gesamtergebnis des Konzerns nicht isoliert – d. h. ohne die Beiträge der anderen Vorstandsmitglieder, leitenden Angestellten und weiterer annähernd 100 000 Mitarbeiter der VW-AG bzw. rund 450 000 Mitarbeitern des Gesamtkonzerns – analysiert werden kann, niemand zu beurteilen vermögen. Nur eines wird bei einer solchen Betrachtungsweise deutlich: Angesichts der Summen, die bewegt werden, erscheint auch ein für sich genommen beeindruckendes Millionengehalt nicht mehr von vornherein als unverhältnismäßig. Bewegt wurde beim VW-Konzern die Summe von rund 159 Milliarden Euro. So hoch – annähernd das Zehntausendfache der Gesamtvergütung des Vorstandsvorsitzenden – war der Gesamtumsatz des Konzerns. Es bedarf keiner ausufernden Phantasie, um sich vorzustellen, dass bei solchen Größenordnungen Entscheidungen des Vorstandes Auswirkungen auf das Jahresergebnis – den Gewinn – in Millionen-, wenn nicht in Milliardenhöhe

haben können. Die Dies gilt im Positiven wie im Negativen:
Führten unglückliche Entscheidungen bei der Modell- und
Absatzpolitik zu einem Umsatzrückgang von nur einem Prozent, so nähme der Konzern rund 1.6 Milliarden Euro – fast
das Hundertfache des Gehalts seines Vorstandsvorsitzenden – weniger ein. Die einzige Lektion, die aus solchen Re-
chenexempeln zu lernen ist, lautet: Es fehlt an objektiven
Maßstäben dafür, ob eine bestimmte Einkommensgestaltung
„gerecht" oder „ungerecht" ist.

Beispiel II: Einkommensabhängiges Elterngeld

Seit Anfang 2007 gilt in Deutschland eine gesetzliche Regelung, nach der Eltern neugeborener Kinder bis zu vierzehn
Monate lang ein „Elterngeld" beziehen können. Voraussetzung der Gewährung ist nach § 1 des „Gesetzes zum Elterngeld und zur Elternzeit" (BEEG), dass der Bezieher oder die
Bezieherin das Kind „selbst betreut und erzieht" und „keine
oder keine volle Erwerbstätigkeit ausübt". Elterngeld wird in
Höhe von rund 66 Prozent des in den letzten zwölf Monaten
vor der Geburt des Kindes durchschnittlich erzielten monat-
lichen Einkommens, höchstens aber in Höhe von 1 800 Euro
je Monat gezahlt.[27]

Ist es gerecht, wenn junge Eltern, die sich um die Betreuung und Erziehung ihrer Kinder kümmern, eine am letzten
Einkommen orientierte Zuwendung vom Staat erhalten? Die
Regelung zum Elterngeld wird von manchen als unsozial
oder ungerecht angesehen, weil bessergestellte Eltern mehr
Geld erhalten als andere: Wer vor der Geburt seines Kindes
nur 1 200 Euro im Monat verdiente, bezieht nur rund
800 Euro Elterngeld, also weniger als die Hälfte dessen, was
andere bekommen. Der Mindestbetrag des Elterngeldes liegt
gem. § 2 Abs. 5 des Elterngeld-Gesetzes bei 300 Euro. Bei Arbeitslosigkeit wurde Elterngeld in dieser Höhe bis zum Jahr
2010 neben Arbeitslosengeld II („Hartz IV") gewährt (§ 11
Abs. 3 a des Sozialgesetzbuches – SGB – II in der damaligen
Fassung des Gesetzes). Nach einer Anfang 2011 in Kraft ge-
tretenen Neuregelung gilt dies nicht mehr. Elterngeld wird

nun als Einkommen bei der Berechnung des Arbeitslosen-
gelds II berücksichtigt (§ 10 Abs. 5 S. 1 BEEG). Arbeitslose
Eltern müssen daher – wenn sie nicht (mehr) zum Bezug des
regelmäßig nur für das erste Jahr der Erwerbslosigkeit gewährten Arbeitslosengeldes I berechtigt sind – mit den sogenannten Hartz-IV-Regelsätzen auskommen. Dies sind im
Jahr 2013 für eine alleinstehende, alleinerziehende Person
382 Euro und für ein Kind unter sechs Jahren 224 Euro.
Hinzu kommt ein Anspruch auf Erstattung der tatsächlichen
Aufwendungen für Unterkunft und Heizung, soweit diese
angemessen sind (§ 22 SGB II). Richtwerte für eine angemessene bruttowarme Miete in Berlin liegen für einen
2-Personen-Haushalt zwischen 462 und 489 Euro. Dazu
kommt unter bestimmten Voraussetzungen ein Warmwas-
serzuschlag in Höhe von 11 Euro.[28] Ein alleinerziehendes
arbeitsloses Elternteil, das nicht (mehr) zum Bezug von Arbeitslosengeld I berechtigt ist, kann daher in Berlin mit
Einkünften von 1 068 bis 1 106 Euro rechnen, während ein
Elternteil, das bis zur Geburt des Kindes ein Einkommen
von 2 770 Euro hatte, in Höhe von 1 800 Euro Elterngeld beanspruchen kann. Das zuletzt Gesagte – eine Elterngeldbe-
rechtigung in Höhe von 1 800 Euro – gilt auch für Eltern, die
zuvor deutlich mehr – zum Beispiel 10 000 Euro im Monat –
verdient haben. Dies führt in Internetforen zu Aussagen wie
der, dass auch „Besserverdiener“, die Elterngeld nicht benötigten, solches beziehen könnten, während es für Hartz-IV-
Empfänger abgeschafft worden sei.

Natürlich kann die zuletzt geschilderte Lage als schreiend
ungerecht empfunden werden: Wer als Bezieher eines hohen
Einkommens für die Elternzeit hat vorsorgen können, bekommt 1 800 Euro Elterngeld, während arbeitslose Eltern
mit „Hartz IV“ auskommen müssen. Andererseits: Ein Ar-
beitsloser (oder auch: eine Arbeitslose) bekommt selbst in
dem Fall, dass er (oder sie) im Leben noch nicht einen Euro
Lohnsteuer und nicht einen Euro Sozialversicherungsabga-
ben geleistet hat, im Sozialstaat eine monatliche Transferleistung (unter Einschluss des Hartz IV-Regelsatzes für das

Kind) von deutlich mehr als 1 000 Euro – zwölf Monate im Jahr, ohne zeitliche Begrenzung. Erwirtschaftet wird dies von den Erwerbstätigen. Erwirtschaftet wurde der für die Transferleistung benötigte Betrag womöglich auch gerade von der „besser verdienenden" Vergleichsperson, die nun ein Elterngeld von 1 800 Euro im Monat bezieht. Kann auch diese Person sagen: Es ist ungerecht, dass ich zur Finanzierung des Lebensunterhalts von Personen herangezogen werde, die nicht zum Aufkommen an Steuern und Sozialabgaben beigetragen haben?

Es ist wie bei der Beurteilung der Angemessenheit des Gehalts des Vorstandsvorsitzenden der VW-AG: Es fehlt an *eindeutigen* objektiven Maßstäben dafür, was „gerecht", was „angemessen" ist. Wer sich mit der Situation in anderen europäischen Ländern befasst, stellt fest: Ein „Elterngeld", das sich in seiner Höhe am vorherigen Einkommen des Beziehers orientiert, gibt es in zahlreichen europäischen Staaten – genauer in zahlreichen *nordeuropäischen* Staaten. In Dänemark, Finnland, Norwegen und Schweden existieren zum Teil bereits seit vielen Jahren Gesetze, die die Berechtigung von Eltern nach der Geburt in ähnlicher Weise regeln wie das 2007 in Kraft getretene deutsche Gesetz. In Estland und Litauen wird Elterngeld für einen kürzeren Zeitraum (ein Jahr bzw. sechs Monate) sogar in der vollen Höhe des vorherigen Einkommens gewährt. Der Gestaltung des Elterngeldes in diesen Staaten liegt – wie in der politischen Diskussion oft dargelegt worden ist – eine einfache Beobachtung zugrunde: Eine der Ursachen der ungünstigen demographischen Entwicklung besteht darin, dass qualifizierte Arbeitskräfte oft erst spät und vergleichsweise wenige oder überhaupt keine Kinder bekommen. Wer beispielsweise eine langjährige akademische Ausbildung absolviert hat, mag womöglich zunächst eine mehrjährige Berufstätigkeit aufnehmen, bevor er – oder sie – zu einer familienbedingten Unterbrechung bereit ist. Oft verlängert sich die Phase der Kinderlosigkeit, weil die Berufstätigkeit zunehmend interessanter und lukrativer wird und eine Unterbrechung die Aussicht auf eine Karriere – in Ab-

hängigkeit vom beruflichen Umfeld – empfindlich beein-
trächtigen kann. In einer im Jahr 2004 vorgestellten Studie
kam das Deutsche Institut für Wirtschaftsforschung (DIW)
zu dem Schluss: „Der Anteil an kinderlosen Frauen nimmt
mit dem Bildungsniveau zu und deutet für viele auf eine Entscheidung zwischen Beruf und Familie hin."[29]

Das Elterngeld spricht nur einen der Aspekte an, die junge
Berufstätige bei ihrer Entscheidung für oder gegen eine fami-
lienbedingte Unterbrechung ihrer Tätigkeit berücksichtigen
können: den wirtschaftlichen Aspekt. Ob finanzielle Anreize
bei dieser zentralen Frage der persönlichen Lebensplanung
und -gestaltung überhaupt eine nennenswerte Wirkung entfalten können, ist umstritten. Die Bevölkerungsentwicklung
nach Einführung des Elterngeldes in Deutschland gibt keinen
eindeutigen Aufschluss hierüber: Zwar ist die zusammenge-
fasste Geburtenziffer im Jahr 2010 mit 1,39 Kindern je Frau
auf den höchsten Wert seit 20 Jahren angestiegen (nach Wer-
ten von 1,36 im Jahr 2009 und 1,38 im Jahr 2008). Der statistische Wert gibt an, wie viele Kinder eine Frau im Laufe ihres
Lebens bekommen würde, wenn ihr „Geburtenverhalten"
(so das Statistische Bundesamt) dem aller Frauen in der
Altersspanne von 15–49 Jahren entspräche.[30] Im Jahr 2011 ist
die Zahl aber erneut auf 1,36 Kinder je Frau gesunken.[31] Im
internationalen Vergleich zählt Deutschland mit diesen Wer-
ten weiterhin zu den geburtenschwachen Ländern.

Ob die Einführung des Elterngeldes unter dem einen oder
anderen Gesichtspunkt ein Erfolg oder ein Misserfolg war,
steht nicht im Fokus dieses Kapitels. Vielmehr wurde ein-
gangs die Frage gestellt, ob eine Regelung gerecht sein könne,
die Eltern, welche vor der Geburt eines Kindes ein hohes
Einkommen hatten, ein höheres Elterngeld zuspricht als anderen. Gerechtigkeitsgesichtspunkte, die für das eine wie für
das andere angeführt werden könnten, wurden bereits genannt: Der Aspekt des bei Geringverdienenden womöglich
sogar höheren Bedarfs kann die Regelung als ungerecht erscheinen lassen, derjenige des unterschiedlichen Beitrages
von Gering- und Gutverdienenden zum Steuer- und Sozial-

system kann eine andere Bewertung naheliegend erscheinen
lassen. In jedem Fall wird man aber feststellen können: Wenn
es ein Anliegen des Gesetzgebers war, im Interesse einer Sta-
bilisierung der Bevölkerungsentwicklung Berufstätigen einen
wirtschaftlichen Anreiz für eine Lebensgestaltung mit Kindern zu geben, wird man dies jedenfalls *nicht als willkürliche
Ungerechtigkeit* betrachten können. In ähnlichem Sinn hat
auch das Bundesverfassungsgericht die geltende Regelung
beurteilt: Der Gesetzgeber habe die Grenzen seines Gestal-
tungsspielraums nicht überschritten, als er das Elterngeld als
einkommensersetzende Zuwendung konzipiert habe, die je
nach vorheriger Tätigkeit zu Ansprüchen in unterschiedlicher Höhe führen könne.[32]

Beispiel III: Die Besoldung von W2-Professoren

Ist es gerecht, wenn Professoren ein höheres Gehalt haben als
Rettungssanitäter, Polizisten und Krankenschwestern? Das
Bundesverfassungsgericht entschied am 14. Februar 2012,
dass die Vergütung von Professoren der Besoldungsgruppe
W2 verfassungswidrig sei. Dem Verfahren lag die Klage eines
Gießener Chemie-Professors zugrunde, der im Jahr 2005 mit
einem Grundgehalt von 3 890 Euro in sein Amt berufen worden war. Er hatte neben dem Grundgehalt „Leistungsbezüge" von rund 23 Euro im Monat erhalten. Das Bundesverfassungsgericht hielt diese Vergütung für unangemessen
niedrig und bezog diese Aussage ausdrücklich auch auf die
durch lineare Besoldungsanpassungen des Landesgesetzge-
bers während des laufenden Gerichtsverfahrens bis auf
4 176 Euro angestiegene Grundvergütung.[33]

Das Bundesverfassungsgericht konstatierte selbst eine
„Schwierigkeit, das verfassungsrechtlich gebotene Besoldungsniveau anhand materieller Maßstäbe zu bestimmen".[34]
Gleichwohl kam es zu dem Schluss, dass die W2-Besoldung
bisher „in ihrer Gesamtkonzeption nicht den Anforderungen" entspreche, die „das Alimentationsprinzip an eine
amtsangemessene Alimentierung des betroffenen Personen-
kreises" stelle. Die gewährte Besoldung sei „evident unzurei-

chend".[35] Die Grundgehaltssätze der W2-Besoldung genügten nicht, um Professoren nach ihrem Dienstrang, ihrer Verantwortung und der Bedeutung des Berufsbeamtentums für die Allgemeinheit einen „angemessenen Lebensunterhalt" zu ermöglichen.[36] Ein Vergleich mit der für andere Beamtenberufe geltenden Besoldungsordnung A ergebe, dass das Grundgehalt von Professoren der Besoldungsgruppe W2 etwa der Besoldung eines vierzigjährigen Oberregierungsrates oder Oberstudienrates entspreche. Es liege unter dem Gehalt eines jungen Regierungsdirektors oder Studiendirektors. Ohne Leistungsbezüge liege das Gehalt eines W2-Professors sogar unter dem Endgrundgehalt – also dem bei der Erreichung der höchsten Dienstalters- bzw. Erfahrungsstufe gewährten Gehalt – eines Regierungsrates, Studienrates oder Akademischen Rates.[37]

Eine Professur werde aufgrund der geforderten Qualifikation typischerweise nicht vor dem fünfunddreißigsten, oft erst um das vierzigste Lebensjahr erreicht. An dieser langen und mit Unsicherheiten behafteten Qualifikationsphase könne das Besoldungsrecht „nicht vorbeigehen".[38] Ein Vergleich mit „verwandten Beschäftigtengruppen in der Privatwirtschaft" ergebe, dass nur 20 Prozent dieser Vergleichsgruppe weniger als ein W2-Professor verdiene.[39] Die evidente Unangemessenheit der Grundgehaltssätze werde auch nicht durch die in der W2-Besoldung angelegte Aussicht auf Leistungsanreize aufgehoben, da diese in der zu beurteilenden hessischen Regelung nicht „für jeden Amtsträger zugänglich und hinreichend verstetigt" seien.[40]

Die Entscheidung des Bundesverfassungsgerichts wirft viele Fragen auf: Kann eine auf die „Unangemessenheit" einer Vergütung gestützte Entscheidung überzeugen, wenn sie keine Feststellungen dazu trifft, welche Lebensführung tatsächlich mit einem Jahreseinkommen von 50 000 Euro – bei Inrechnungstellung der Vorzüge des Beamtenstatus – möglich ist? War es richtig, in keiner Weise in Rechnung zu stellen, dass eine große Zahl von Professoren einer höheren Besoldungsgruppe – W3 – angehört und dass ein Großteil der W2-Professoren Leistungszulagen erhält, die über denen ihres Gießeners Kollegen liegen? Schließlich: Vermag der Vergleich mit der Privatwirtschaft zu überzeugen – ein Vergleich, der ergeben hat, dass immerhin 20 Prozent der entsprechend qualifizierten Personen in Leitungspositionen dort (noch) weniger verdienen als ein W2-Professor *ohne* jegliche Leistungszulage – und dies, obwohl Beschäftigte in der Privatwirtschaft nicht in den Genuss der Vorzüge des öffentlichen Dienstes (wie Arbeitsplatzsicherheit und die Vorteile der Beamtenversorgung) kommen?

Um Missverständnissen vorzubeugen, sei hier bemerkt: Das Bundesverfassungsgericht hat keine Entscheidung dazu getroffen, ob die W2-Besoldung und die zu Vergütungen anderer Beamtengruppen bestehenden Unterschiede im umgangssprachlichen Sinne „gerecht" sind. Das Urteil betrifft die *Rechtsfrage,* ob die Grundgehaltssätze der W2-Besoldung mit Artikel 33 Abs. 5 des Grundgesetzes, d. h. mit den „hergebrachten Grundsätzen des Berufsbeamtentums" vereinbar waren. Zu diesen Grundsätzen gehört das „Alimentationsprinzip", das den Dienstherrn – so das Bundesverfassungsgericht – verpflichtet, „den Beamten und seine Familie lebenslang angemessen zu alimentieren und ihm nach seinem Dienstrang, nach der mit seinem Amt verbundenen Verantwortung und nach der Bedeutung des Berufsbeamtentums für die Allgemeinheit entsprechend der Entwicklung der allgemeinen wirtschaftlichen und finanziellen Verhältnisse und des allgemeinen Lebensstandards einen angemessenen Lebensunterhalt zu gewähren." Zu den zu berücksichtigenden Bemessungskriterien sollen dem Gericht zufolge „das Ansehen des Amtes in den Augen der Gesellschaft" und „die vom Amtsinhaber geforderte Ausbildung" gehören.[41] Das Bundesverfassungsgericht misst die Professorenvergütung hiermit an Maßstäben, die es im Wesentlichen selbst im Laufe der Jahrzehnte aus dem kryptischen grundgesetzlichen Begriff der „hergebrachten Grundsätze des Berufsbeamtentums" heraus entwickelt hat.

Gibt es einen gerechten Lohn?

Wer sich dem Thema der Angemessenheit der Professorenbesoldung nicht nach den Maßstäben hergebrachter beamtenrechtlicher Grundsätze, sondern unter dem nicht weniger diffusen Begriff der Gerechtigkeit nähert, mag zu anderen Bewertungen gelangen als das Bundesverfassungsgericht. Er mag die Frage stellen, wie diejenigen auf das Urteil reagiert haben mögen, die mitunter als Angehörige eines „akademischen Prekariats" bezeichnet werden: Privatdozenten, die nach erfolgreicher Habilitation nicht das Glück einer Festanstellung erfahren und sich stattdessen mit Gelegenheitsjobs oder als Bezieher von Arbeitslosengeld durchschlagen. Müssen sie es nicht als Hohn empfinden, wenn frühere Kollegen, die – bei gleicher Qualifikation – eine W2-Lebenszeitprofessur mit rund 50 000 Euro Jahresgehalt erlangt haben, vom höchsten deutschen Gericht eine „evident unzureichende" Vergütung attestiert bekommen?

Nimmt man einmal Abstand von der vom Gericht diskutierten und eher kleinformatig anmutenden Frage, ob gerade der Oberregierungsrat oder aber der Regierungsdirektor das passende „Vergleichsamt" für die Bemessung der Minimalbesoldung eines Professors darstellt, so kann man grundlegendere Fragen stellen: Das Gericht argumentiert zwar nicht mit dem „Wert" einer Tätigkeit, aber doch mit der „Wertigkeit" eines Amtes. Es trifft zwar ausdrückliche Feststellungen zu den an die Ausbildung von Professoren gestellten Anforderungen, nicht aber solche zum Ansehen des Berufsstandes in der Gesellschaft – das der Urteilsbegründung zufolge gleichfalls zu den die „Wertigkeit" eines Amtes bestimmenden Faktoren zählen soll. Die Entscheidung scheint davon auszugehen, dass Professoren ein höheres Ansehen genießen als beispielsweise Gymnasiallehrer. Diese Betrachtungsweise provoziert Fragen: Was soll gelten, wenn sich diese Annahme als falsch herausstellt? Wie ist zu verfahren, wenn das Ansehen einer Beamtengruppe nachweislich sinkt – sollen dann die Grundgehälter abgesenkt werden? Und: Warum soll es überhaupt auf das „Ansehen" in den Augen der Gesellschaft ankommen?

An unter Gerechtigkeitsgesichtspunkten sensible Fragen rührt, wer nicht die Vergütungen nahe verwandter Berufe vergleicht, sondern solche von Tätigkeiten mit ganz unterschiedlichen Voraussetzungen und Wirkungen.

Rettungssanitäter und -assistenten. Ein Großteil der in Deutschland im öffentlichen Dienst tätigen Rettungssanitäter wird nach der Entgeltgruppe 4 des Tarifvertrages für den öffentlichen Dienst der Länder (TV-L) bezahlt. Das Grundgehalt dieser Vergütungsgruppe beträgt – in Abhängigkeit von der Einordnung des Beschäftigten in eine „Grund-" oder eine höhere „Entwicklungsstufe" – zwischen 1 839 Euro und 2 373 Euro (Stand 31. Dezember 2012). Vom Rettungssanitäter, der typischerweise eine Ausbildung von nur 520 Stunden absolviert hat, ist der Ausbildungsberuf des Rettungsassistenten zu unterscheiden. Nach dem erfolgreichen Abschluss einer zweijährigen Ausbildung werden Rettungsassistenten oft nach Entgeltgruppe 6 bezahlt. Die Grundgehälter betragen hier zwischen 2 022 Euro und 2 599 Euro. Mit zunehmender Erfahrung und Verantwortung ist ein Aufstieg in höhere Gehaltsgruppen möglich. Allerdings halten sich auch unter diesen Voraussetzungen die Verdienstmöglichkeiten in Grenzen: Ein Rettungsassistent kann äußerstenfalls in die Entgeltgruppe 9 Stufe 5 aufsteigen, was ihm ein Grundgehalt von 3 370 Euro einträgt. Dies setzt aber seine Beschäftigung als Leiter einer Rettungsleitwarte mit mindestens 16 ständig beschäftigten Angestellten voraus. Auch der engagierteste und erfahrenste Rettungsassistent mit der größten Personalverantwortung wird also nie in die Gehaltsregion vordringen, die für die Entlohnung des Gießener W2-Professors laut Bundesverfassungsgericht noch „evident unzureichend" war.

Gesundheits- und Krankenpfleger. Bei Krankenschwestern und -pflegern ergibt sich ein ähnliches Bild wie bei Rettungssanitätern und -assistenten. Auch hier ist zunächst zwischen zwei unterschiedlichen Ausbildungswegen zu unterscheiden:

Krankenpflegehelfer und -helferinnen, die eine vergleichsweise kurze Ausbildung von typischerweise einem Jahr absolviert haben, werden regelmäßig in die Entgeltgruppe
KR 4 a des TV-L eingestuft. Die Grundgehälter betragen hier
– je nach Stufe – zwischen 1 893 Euro und 2 658 Euro. Dagegen werden Gesundheits- und Krankenpfleger – so lautet
die Bezeichnung des Berufsstandes seit 2004 – mit voller drei-
jähriger Berufsausbildung häufig nach der Entgeltgruppe KR
7 a bezahlt. Ihr Grundgehalt beträgt danach zwischen
2 114 Euro und 2 874 Euro. Auch hier ist mit zunehmender
Verantwortung eine Steigerung möglich. Im äußersten Fall
kann eine Krankenpflegerin, wenn sie die Gesamtverantwor-
tung für den Pflegedienst in einem Bereich trägt, in dem mindestens 900 Personen im Pflegedienst tätig sind, eine Vergütung nach Entgeltgruppe KR 12 a erhalten, was einem
Grundgehalt im Bereich von 3 612 Euro bis 4 502 Euro entspricht. Eine große Zahl von im öffentlichen Dienst beschäftigten Krankenpflegern und -pflegerinnen verbleibt aber in
der zuvor angesprochen Entgeltgruppe KR 7 a.

Polizeibeamte. Für den Bereich der Polizeibeamten ergibt
sich ein differenziertes Bild: In der Vergangenheit ist ein großer Teil der Polizeibediensteten der Länder als Beamte des
mittleren Dienstes, etwa als Polizeiwachtmeister, Polizei-
oder Kriminalmeister oder als Polizei- oder Kriminalhaupt-
meister in den Beamtenbesoldungsgruppen A5 bis A8 ein-
gruppiert gewesen. Das Besoldungsniveau reichte hier beispielsweise im Land Nordrhein-Westfalen von 1795 Euro
(Besoldungsgruppe A5, Stufe 1) bis 2 849 Euro (Besoldungsgruppe A9, Stufe 11, Stand jeweils 31. Dezember 2012).[42] Mit
Rücksicht auf die an den Polizeiberuf gestellten hohen Anforderungen sind aber mehrere Bundesländer dazu übergan-
gen, Neueinstellungen in den Polizeidienst nur noch in den
gehobenen Dienst vorzunehmen. In diesen Ländern – etwa
Hessen und Nordrhein-Westfalen – beginnt eine Tätigkeit
im Polizeidienst daher heute typischerweise mit einem
spezialisierten Studium an einer Fachhochschule. Nach Abschluss dieses Studiums werden junge Polizisten und Polizis-

tinnen nach den Besoldungsgruppen A8 oder A9 bezahlt. Die Grundvergütung liegt hier beispielsweise in Nordrhein-Westfalen in den Eingangsstufen zwischen 2 034 Euro und 2 164 Euro. Im gehobenen Dienst ist – nach Alter und Erfahrung – ein Aufstieg bis in die Besoldungsgruppe A13 möglich. Dabei ist äußerstenfalls – in Stufe 8 – ein Grundgehalt von 4 388 Euro erzielbar. Polizisten können danach, wenn sie zuvor ein Fachhochschul-, nicht aber ein Universitätsstudium absolviert haben, bis in die gleiche Gehaltsregion vordringen wie ein W2-Professor. Das Gros der Beamten des Polizeivollzugsdienstes wird aber nach deutlich niedrigeren Sätzen bezahlt.

Ist es gerecht, wenn Rettungssanitäter, die Tag für Tag im Einsatz sind, um Leben und Gesundheit anderer zu bewahren, im Durchschnitt etwa die Hälfte dessen verdienen, was der am schlechtesten bezahlte Universitätsprofessor der Republik bekommt? Wenn ein Rettungsassistent am Ende einer langen und außergewöhnlich erfolgreichen Karriere bei Erreichung einer mit erheblicher Personalverantwortung versehenen Spitzenposition kaum mehr als drei Viertel des Gehaltes des besagten Professors verdient? Wenn das Gros der Krankenschwestern und -pfleger, die tagein, nachtaus für die Gesundheit anderer sorgen, noch weniger als das zuletzt genannte Maß verdienen? Und wenn all diejenigen Polizisten, die kein Fachhochschulstudium absolviert haben, aber für den Erhalt der öffentlichen Sicherheit ihre eigene Gesundheit riskieren und sich vielfach unangenehmen Situationen stellen müssen, ebenfalls niemals auch in die Nähe des Einkommens dieses Professors gelangen werden? Die Antwort lautet: Es ist nicht gerecht. An dieser Stelle muss aber hinzugefügt werden: Es kann auch nicht gerecht sein. Wer einen in einem objektiven Sinne „gerechten" Lohn bestimmen wollte, müsste über objektiv gültige Maßstäbe zur Bestimmung von Gerechtigkeit verfügen. Gerechtigkeitsmaßstäbe sind aber subjektiv. Man kann etwas als gerecht oder ungerecht empfinden. Niemand wird aber für sich in Anspruch nehmen können, einen Gerechtigkeitsmaßstab zu definieren, der auch für alle anderen das Maß abgeben soll. Dies wird deutlich, sobald der Versuch der Formulierung eines allgemein verbindlichen Gerechtigkeitsmaßstabs unternommen wird. Setzt man die vom Bundesverfassungsgericht für die Bemessung der „Amtsangemessenheit" einer Vergütung herangezogenen Kriterien versuchsweise als Gerechtigkeitsmaßstäbe ein, so zeigt sich die Unmöglichkeit einer allgemeinverbindlichen Festlegung: Es ist nicht zu begründen, dass das „Ansehen des Amtes in den Augen der Gesellschaft" einen objektiven Maßstab für die Festlegung eines „gerechten" Lohns abgeben sollte.

Etwas größere Aufmerksamkeit verdient ein anderes vom Bundesverfassungsgericht genanntes Kriterium: das der „vom Amtsinhaber geforderten Ausbildung". Tatsächlich wird bei der Diskussion um die Angemessenheit von Gehaltsunterschieden oft das Argument der Dauer der Ausbildung ins Feld geführt: Dass Akademiker im Durchschnitt erheblich mehr verdienen als nicht akademisch ausgebildete Berufstätige, sei angemessen, da sie auch eine länger währende Berufsausbildung absolviert hätten. Dieser Gedanke mag manchem als „Gerechtigkeits"-Argument plausibel erscheinen, soweit das höhere Akademikereinkommen einen Ausgleich für eine während der Studienphase erlittene Einkommenseinbuße bietet. Freilich würde dieser Ausgleichs-Gedanke keinen sehr erheblichen Einkommensunterschied rechtfertigen: Ein Studium von vier oder fünf Jahren macht nur rund ein Zehntel einer Lebens-Arbeitszeit von vierzig bis fünfundvierzig Jahren aus. Zudem haben Nichtakademiker in den ersten Berufsjahren meist ein niedriges Einkommen. Der Ausgleichsbedarf von Akademikern für ein in dieser Lebensphase entfallendes Einkommen dürfe daher – auf ein ganzes Berufsleben hochgerechnet – bei einer Gehaltsdifferenz im einstelligen Prozentbereich liegen.[43] Die tatsächlichen Gehaltsunterschiede sind bedeutend höher.

Der Blick auf die Studienphase würde unter Gerechtigkeitsgesichtspunkten mit gleicher Plausibilität sogar die umgekehrte Gedankenführung erlauben: In einem Gemeinwesen, in dem die Ausbildungskosten – namentlich die Kosten für die

Einrichtung und den Betrieb von Hochschulen – im Wesentlichen von der Allgemeinheit getragen werden, kommen die
Berufstätigen für die Ausbildung der Studierenden auf. Mit
ihren Steuern machen sie erst möglich, dass andere studieren.

Die in den letzten Absätzen wiedergegebenen Gedanken
belegen die Unmöglichkeit der Entwicklung *eindeutiger* und
objektiver Aussagen zur „Gerechtigkeit" einer Vergütung.
Das Bestehen erheblicher Gehaltsunterschiede beispielsweise
zwischen Akademikern und Nichtakademikern kann aus
dem einen Blickwinkel gerecht und aus dem anderen ungerecht erscheinen. Stellt man die Frage, wie es – angesichts der
Mehrdeutigkeit dieses Befundes – in der Praxis zu deutlichen
Einkommensunterschieden kommt, so könnte eine Erklärung darin liegen, dass in einer Volkwirtschaft ein *Bedarf* an
gut und vergleichsweise lang ausgebildeten Berufsträgern besteht. Für Abiturienten kann aber die Aussicht auf ein sofor-
tiges Arbeits- oder Ausbildungseinkommen verlockend sein:
Mancher zieht den sprichwörtlichen „Spatz in der Hand" der
„Taube auf dem Dach" vor. Soweit intrinsische Motive wie
das Interesse an wissenschaftlichen Fragen nicht ausreichen,
um Menschen zur Aufnahme eines Studiums zu bewegen,
kann die Aussicht auf ein erheblich höheres späteres Einkommen einen Beitrag hierzu leisten. Bei dieser Betrachtungsweise haben die Einkommensunterschiede nichts mit Gerechtigkeit und viel mit der Rationalität anreizökonomischer
Überlegungen zu tun. Hier soll aber keine ökonomisch heile
Welt skizziert werden, in der Gehaltsunterschiede allein als
das Ergebnis von Unterschieden in Angebot und Nachfrage
erscheinen. Verzerrungen des Gehaltsgefüges gehen teilweise
auf Unterschiede in der *Verhandlungsmacht* einzelner Be-
rufsgruppen zurück: Gehaltssprünge bei Krankenhausärzten
und Fluglotsen konnten in der Vergangenheit unter anderem
damit erklärt werden, dass diese Gruppen durch eine Ar-
beitsniederlegung erhebliche Teile großer Infrastrukturen im
Gesundheits- bzw. Verkehrswesen lahmgelegt hätten.

Andererseits kann eine enge *Vernetzung* der Verhand-
lungsführer auf beiden Marktseiten zu auskömmlichen Ge-

hältern führen. Managergehälter werden unter Managern ausgehandelt: Vorstandsmitglieder von Aktiengesellschaften stehen bei ihren Gehaltsverhandlungen oft Aufsichtsratsmitgliedern gegenüber, die ihrerseits in anderen Gesellschaften Vorstandsmitglieder sind oder sogar in derselben Gesellschaft zu früherer Zeit Vorstandsmitglied waren. So kann das Bild einer sich selbst bedienenden Kaste entstehen, bei der viele Beteiligte mal auf der einen, mal auf der anderen Seite stehen und niemand ein Interesse an einer Begrenzung der Gehälter hat.

Probleme der im letzten Absatz genannten Art geben Anlass, über Fragen des *Verfahrens* der Gehaltsfindung nachzudenken. Die Verhandlungsmacht von Spartengewerkschaften könnte durch eine – verfassungskonform auszugestaltende – Missbrauchskontrolle in Grenzen gehalten werden.[44] Bei der Festsetzung von Vorstandsgehältern könnte eine obligatorische Mitwirkung der Aktionäre (d. h. der Hauptversammlung) vorgesehen werden, wie sie bereits in anderen Ländern besteht.[45] Solche konkreten Erwägungen zu prozeduralen Fragen scheinen sinnvoller als eine politisch aufgeladene Debatte zur Einkommensgerechtigkeit, die mangels objektiver Maßstäbe für einen „gerechten Lohn" zu nichts führt.

Angleichung der Einkommen als politisches Ziel?

Bei seiner bereits erwähnten Parteitagsrede von 2011 stützte der SPD-Vorsitzende *Sigmar Gabriel* die These vom Bestehen einer „sozialen Schieflage" darauf, dass mittlerweile „fast ein Viertel" aller sozialversicherungspflichtig in Vollzeit Beschäftigten ein Einkommen habe, „das unter dem Niedriglohnniveau der OECD im Durchschnitt liegt." Gabriel erklärte nicht, wie diese Zahl zustande kommt. Die Organisation für wirtschaftliche Zusammenarbeit und Entwicklung (OECD) definiert den Niedriglohn als einen Lohn in Höhe von bis zu zwei Dritteln des nationalen Median(brutto)lohns aller Vollzeitbeschäftigten. Der Medianlohn ist ein Durchschnittslohn, allerdings nicht im Sinne des arithmetischen Mittels aller Löhne. Vielmehr wird der Median so definiert, dass die eine Hälfte der Beschäftigten mehr, die andere weniger als den Medianlohn verdient. Die logische Folge einer solchen Definition ist: Je höher das Lohnniveau in einem Land ist, umso höher liegt die Grenze, unterhalb derer ein Lohn als „Niedriglohn" bezeichnet wird.

In Deutschland betrug das Median(netto)einkommen im Jahr 2011 nach Angaben des europäischen statistischen Amtes Eurostat 19043 Euro. Die Fragwürdigkeit von Aussagen der hier diskutierten Art wird an folgendem Rechenexempel deutlich: Stiege das Medianeinkommen in Deutschland aufgrund gleichmäßiger Lohnerhöhungen für alle Beschäftigten bei ansonsten gleichbleibenden Lebensbedingungen auf den Wert, den das europäische statistische Amt für das Jahr 2011 für Luxemburg angegeben hat – 32538 Euro – so ginge es allen Einkommensbeziehern in Deutschland besser als zuvor. Stellt man für die Definition eines „Niedriglohns" auf einen Wert von zwei Dritteln des Medianlohns ab, so steigt dieser Grenzwert im gegebenen Beispiel mit der allgemeinen Lohnerhöhung auf einen Betrag von 21692 Euro an – und damit über den Wert des in Deutschland im Jahr 2011 tatsächlich erzielten Medianeinkommens (19043 Euro).[46] Die Niedriglohngrenze stiege bei einer solchen gleichmäßigen Lohnerhöhung sogar über den Wert des in Deutschland 2011 im arithmetischen Mittel erzielten Einkommens von 21549 Euro.[47] Der Empfänger eines deutschen Durchschnittslohns des Jahres 2011 befände sich also auf einmal – ohne dass die Lebensbedingungen sich für ihn geändert hätten – im Niedriglohnsektor.

Das Beispiel zeigt: Ob jemand ein Einkommen bezieht, das nach der genannten Formel im Niedriglohnbereich liegt, sagt überhaupt nichts über die tatsächlichen Lebensverhältnisse und die Bedürftigkeit dieser Person aus. Die nach OECD-Formel berechnete Quote der Niedriglohnbezieher gibt allein einen Hinweis auf die *Verteilung* der Löhne in einem Land: Je größer die Spreizung der Löhne ist, umso größer wird der Anteil derjenigen, die unter der genannten Zwei-Drittel-Grenze liegen. Wer eine Verringerung der Niedriglohnquote fordert, tritt also für eine größere *Gleichheit* der Einkommen ein.

Wie und warum eine Angleichung der Einkommen vorgenommen werden könnte, hat *Heribert Prantl,* Mitglied der Chefredaktion der Süddeutschen Zeitung, in einem Gastbeitrag in der Frankfurter Allgemeinen Zeitung deutlich gemacht: „Es ist nämlich so: Der eine wird mit dem silbernen Löffel im Mund geboren, der andere in der Gosse. Der eine erbt Talent und Durchsetzungskraft, der andere Krankheit und Antriebsschwäche. Der eine kriegt einen klugen Kopf, der andere ein schwaches Herz. Die Natur ist ein Gerechtigkeitsrisiko. Der Sozialstaat ist, mit Maß und Ziel, Schicksalskorrektor. Wie das gehen, wer das zahlen soll? Es gibt einen überquellenden Reichtum in dieser Gesellschaft; verantwortungsbewusste Sozialpolitik muss ihn abschöpfen."[48]

Ein einfaches Mittel der Abschöpfung besteht in einer Anhebung des Spitzensteuersatzes. Allerdings sind der Steuersetzungsmacht von Staaten Grenzen gesetzt: Ein Teil der Steuerbürger kann durch Wegzug der erhöhten Steuer ausweichen. Amerikanischen Wissenschaftlern zufolge könnten die USA durch Anhebung des Spitzensteuersatzes von derzeit rund 43 auf 73 Prozent die Steuereinnahmen bei Bürgern der höchsten Steuerklasse maximieren. Erst eine noch weitergehende Anhebung würde per saldo wieder zu einem Rückgang des Steueraufkommens führen. Europäische Ökonomen gehen davon aus, dass der Spielraum für profitable Steuererhöhungen in der Europäischen Union geringer ist, da die Menschen hier aufgrund von Freizügigkeitsbestimmungen der Besteuerung leichter ausweichen könnten.[49]

Auf einem anderen Blatt steht, welche Steuersätze als „gerecht" empfunden werden. Politiker wie *Sigmar Gabriel,* die ein „gerechteres Steuersystem" fordern, haben eine Erhöhung des in Deutschland zur Zeit inklusive „Reichensteuer" bei 45 Prozent (mit Solidaritätszuschlag: bei 47,48 Prozent) liegenden Spitzensteuersatzes im Sinn. Der französische Präsidentschaftskandidat *François Hollande* zog im Frühjahr 2012 mit der Forderung nach einer Anhebung des Spitzensteuersatzes von rund 45 auf 75 Prozent in den Wahlkampf. Nach seinem Wahlsieg beschloss die Nationalversammlung für Einkommen von mindestens einer Million Euro eine entsprechende Gesetzesänderung. Zwar stoppte der französische Verfassungsrat inzwischen das Gesetz. Allerdings erhob er verfassungsrechtliche Einwände nicht gegen den Steuersatz als solchen, sondern gegen eine im Gesetz vorgesehene Abweichung von einem ansonsten im französischen Einkommensteuerrecht befolgten Grundsatz: Anders als in anderen Fällen der Einkommensbesteuerung sollte nach dem Gesetz über die Reichensteuer das Einkommen jedes einzelnen Familienmitgliedes und nicht das Familieneinkommen die Besteuerungsgrundlage darstellen.[50] Für Großbritannien hat Premierminister *James Cameron* demgegenüber eine Senkung des Spitzensteuersatzes von 50 auf 45 Prozent ins Auge gefasst.[51] Diese gegenläufigen Tendenzen in großen europäischen Staaten werfen die Frage auf, ob ein bestimmter Steuersatz „gerechter" als ein anderer erscheinen kann.

Soziale Gerechtigkeit: Gleichheit oder Schutz vor Not?

Gerechtigkeit (griechisch dikaiosyne) wurde in der Antike zu den Tugenden gerechnet: *Platon* zählte sie neben Weisheit (sophia), Tapferkeit (andreia) und Besonnenheit (sophrosyne) zu den Kardinaltugenden. Die *Aristoteles* zugeschriebene *Nikomachische Ethik* entwickelte das Konzept der Gerechtigkeit weiter, indem sie zwischen ausgleichender und austeilender Gerechtigkeit unterschied: Erstere beschrieb die Bereitschaft, anderen das ihnen *Zustehende* zu gewähren. Hierher zählt das Prinzip der Tauschgerechtigkeit bei Verträgen wie dem Kauf, bei denen Leistung und Gegenleistung einander gerechterweise im Wert entsprechen. Zur ausgleichenden Gerechtigkeit gehört auch die korrigierende Gerechtigkeit, insbesondere der Grundsatz der vollwertigen Kompensation eines Schadens durch den Schädiger. Die austeilende Gerechtigkeit hat demgegenüber die angemessene Teilhabe der Menschen an Vorteilen und Lasten zum Gegenstand. Dies bedeutet nicht notwendigerweise eine gleichmäßige Verteilung: Güter wie Ehre, Geld oder Ämter mussten nicht zu gleichen Teilen, sondern durften nach „Verdiensten" zugeordnet werden. Auch in diesem Konzept blieb Gerechtigkeit eine Tugend. In der *Nikomachischen Ethik* wird sie als die vorzüglichste unter den Tugenden bezeichnet.[52]

Auch die *christliche* Vorstellung von Gerechtigkeit hebt auf die Einstellung und das Handeln des Individuums ab: „Gerecht" im Sinne von „richtig" handelt, wer die Gebote Gottes befolgt. Daneben tritt freilich die Vorstellung von einer „höheren Gerechtigkeit": Gott lässt den Menschen Gerechtigkeit wiederfahren. Die Ökumenische Weltversammlung zu Gerechtigkeit, Frieden und Bewahrung der Schöpfung fasste diese Betrachtungsweise 1990 wie folgt zusammen: „Gottes Gerechtigkeit schützt die ‚geringsten' (Matthäus 25, 31–46), die, die am verletzlichsten sind (5. Mose 24)" … „Die Quelle der Menschenrechte ist die Gerechtigkeit Gottes, der sein versklavtes und verelendetes Volk aus der Unterdrückung befreit (2. Mose 3, 7f.)."[53]

Das Konzept einer *staatlich gestalteten gerechten Ordnung* hat sich im Gefolge der Aufklärung mehr und mehr durchgesetzt. In seinem Zentrum steht der Schutz der Menschen vor staatlicher Willkür, der nach und nach in der Formulierung von verfassungsmäßig garantierten Grundrechten seinen Ausdruck fand. Wichtige Zeugnisse dieser Entwicklung sind die amerikanische *Bill of Rights* von 1789 und die im gleichen Jahr im Zuge der französischen Revolution verabschiedete *Déclaration des Droits de l'Homme et du Citoyen*. Sie beginnt mit der Aussage, dass die Menschen von Geburt an frei und gleichberechtig sind („Les hommes naissent et demeurent libre et égaux en droits").

Der Ruf nach *sozialer Gerechtigkeit* wurde in Reaktion auf eine Massenarmut und -verelendung laut, die ihren Ursprung in der seit dem 18. Jahrhundert von England ausgehenden Industrialisierung hatte. Die Erfindung der Dampfmaschine, die Ersetzung von Handarbeit durch Maschinen (insbesondere Webstühle) sowie die großvolumige Erzeugung und Verarbeitung von Eisen und Stahl ermöglichten zwar unge-

ahnte Produktivitätssteigerungen. Ein starkes Bevölkerungs-
wachstum auf der einen und immer weiter um sich greifende
Rationalisierungsprozesse auf der anderen Seite führten aber
zu massenhafter Arbeitslosigkeit, und die Konkurrenz der
Arbeitssuchenden hatte ein Lohniveau zur Folge, das Vielen – bei zum Teil ungesündesten Arbeitsbedingungen –
kaum das Überleben sicherte.

Wer die Schilderung von *Friedrich Engels* über „Die Lage
der arbeitenden Klasse in England" aus dem Jahr 1845 kennt,
weiß, was ein soziales Anliegen ist. *Engels* berichtet: „In den
Kohlen- und Eisenbergwerken arbeiten Kinder von 4, 5 und
7 Jahren; die meisten sind indes über 8 Jahre alt. Sie werden
gebraucht, um das losgebrochene Material von der Bruch-
stelle nach dem Pferdeweg oder dem Hauptschacht zu trans-
portieren, und um die Zugtüren, welche die verschiedenen
Abteilungen des Bergwerks trennen, bei der Passage von Ar-
beitern zu öffnen und wieder zu schließen … Der Transport
der Kohle und des Eisengesteins dagegen ist eine sehr harte
Arbeit, da dies Material in ziemlich großen Kufen ohne Räder
über den holprigen Boden der Stollen fort geschleift werden
muss, oft über feuchten Lehm oder durch Wasser, oft steile
Abhänge hinauf, und durch Gänge, die zuweilen so eng sind,
dass die Arbeiter auf Händen und Füßen kriechen müssen.
Zu dieser anstrengenden Arbeit werden daher ältere Kinder
und heranwachsende Mädchen genommen."[54]

Das Elend zog sich durch alle Altersschichten. Die Arbeitsbedingungen für erwachsene Männer waren so schlecht,
dass viele von ihnen schwere Gesundheitsschäden erlitten
und arbeitsunfähig wurden. Der französische Publizist und
Politiker *Alexis de Tocqueville* hatte zehn Jahre vor *Engels*
England bereist und berichtet: „Eine wellige Ebene, oder
eher eine Anhäufung kleiner Hügel … Auf dem Gipfel der
Hügel … erheben sich dreißig oder vierzig Fabriken. Mit
ihren sechs Stockwerken reichen sie hoch in die Luft … Wer
aber vermöchte das Innere jener abseits gelegenen Viertel zu
beschreiben, der Schlupfwinkel von Laster und Elend …
Über dem Landstreifen, der tiefer liegt als der Flussspiegel

und überall von gewaltigen Werkstätten beherrscht wird, erstreckt sich ein Sumpfgebiet ... Dort enden gewundene und enge Gässchen, gesäumt von einstöckigen Häusern, deren schlecht zusammengefügte Bretter und zerbrochene Scheiben schon von weitem eine Art letzten Asyls ankündigen, das der Mensch zwischen Elend und Tod bewohnen kann. Unter diesen elenden Behausungen befindet sich eine Reihe von Kellern, zu der ein halb unterirdischer Gang hinführt. In jedem dieser feuchten und abstoßenden Räume sind zwölf bis fünfzehn menschliche Wesen wahllos zusammengestopft ... Um dieses Elendsquartier herum schleppt einer der Bäche ... langsam sein stinkendes Wasser, das von den Industriearbeiten eine schwärzliche Farbe erhält. Von der Höhe seiner abschüssigen Ufer sieht man, wie er sich mühselig zwischen Erdbrocken, halbfertigen Wohnstätten oder frischen Ruinen seinen Weg bahnt. Das ist der Styx dieser modernen Unterwelt."[55]

Europa hat einen weiten Weg zurückgelegt, seit *Alexis de Tocqueville* und *Friedrich Engels* England besuchten. Die Wochenarbeitszeit der arbeitenden Bevölkerung hat sich halbiert: 1825 lag sie in Deutschland in wichtigen Branchen bei einer 7-Tage-Woche mit über 80 Stunden, heute arbeiten weite Teile der Bevölkerung etwa 40 Stunden.

Der *materielle Lebensstandard* der arbeitenden Bevölkerung hat in den letzten zweihundert Jahren einen Aufschwung erlebt, wie er kaum in Worte zu fassen ist. Menschen, die im frühen 19. Jahrhundert unter gesundheitsgefährdenden Bedingungen sieben Tage in der Woche zwölf Stunden am Tag schwere Arbeit verrichteten, um sich und ihren Familien das schiere Überleben – insbesondere den Erwerb von Nahrungsmitteln – zu ermöglichen, müssten die Lebensbedingungen eines heutigen Durchschnittsverdieners wie das seinerzeit in Märchen umschriebene Schlaraffenland erscheinen. Milch, Honig und Wein sind tatsächlich im Überfluss verfügbar. Die Menschen hausen in beheizten und mit fließendem kaltem und warmem Wasser ausgestatteten Wohnungen. Viele bewegen sich mit Kraftfahrzeugen, wie sie erst im späten 19. Jahrhundert ersonnen wurden und zunächst wohlhabenden Schichten vorbehalten waren. Viele Menschen können sich Urlaubs-Flugreisen erlauben, wie dies vor 50 Jahren – als der Begriff *Jet-Set* noch eine Bedeutung hatte – nur einem begrenzten Kreis relativ wohlhabender Menschen möglich war. Damit nicht genug: Heute stehen breiten Bevölkerungsschichten stationäre und mobile Informations- und Kommunikationsgeräte zu Gebote, wie sie Zeitgenossen von *Tocqueville* und *Engels* als Mittel der Hexerei oder Zauberei hätten erscheinen müssen.

Mindestens so wichtig wie die zuletzt angesprochenen Verbesserungen in der materiellen Lebenshaltung der arbeitenden Bevölkerung können die Fortschritte erscheinen, die im Bereich der *sozialen Sicherung* erreicht wurden. Der Sozialstaat schützt Menschen heute vor Existenzrisiken. Ein nicht hoch genug einzuschätzender Schritt auf diesem Weg war die *Bismarck*sche Sozialgesetzgebung, durch die 1883 zunächst eine gesetzliche „Krankenversicherung für Arbeiter" mit Pflichtmitgliedschaft aller Arbeiter und Angestellten mit einem Jahreseinkommen bis zu 2 000 Reichsmark geschaffen wurde. Eine gesetzliche Unfallversicherung ergänzte von 1884 an diesen Schutz. Besondere Bedeutung kam der 1889 geschaffenen gesetzlichen „Invaliditäts- und Altersversicherung" zu, mit der eine staatliche Rentenversicherung eingeführt wurde.

Der Sozialstaat ist bei diesen Sicherungsformen nicht stehen geblieben. In der Folgezeit ist eine Sicherung vor existenzieller Not für Menschen hinzugekommen, die kein oder nur ein geringes Arbeitseinkommen haben. In Deutschland ist diese Sicherung verfassungsrechtlich verbürgt. Das Bundesverfassungsgericht hat in einem Urteil vom 9. Februar 2010 zur Verfassungsmäßigkeit sogenannter Hartz-IV-Regelsätze wichtige Aussagen hierzu getroffen: „Wenn einem Menschen die zur Gewährleistung eines menschenwürdigen Daseins notwendigen materiellen Mittel fehlen, weil er sie weder aus seiner Erwerbstätigkeit noch aus eigenem Vermögen noch durch Zuwendungen Dritter erhalten kann, ist der Staat im

Rahmen seines Auftrages zum Schutz der Menschenwürde und in Ausfüllung seines sozialstaatlichen Gestaltungsauftrages verpflichtet, dafür Sorge zu tragen, dass die materiellen Voraussetzungen dafür dem Hilfebedürftigen zur Verfügung stehen".[56] Der Gesetzgeber ist diesem Auftrag mit Regelungen in verschiedenen Teilen des Sozialgesetzbuches nachgekommen. Erwerbsfähige Menschen können *Arbeitslosengeld II* (oft als „Hartz IV" bezeichnet) erhalten, nicht erwerbsfähige Menschen *Sozialhilfe*. Das Gericht hat das zur Zeit seiner Entscheidung bestehende System des Arbeitslosengeldes II im Grundsatz für verfassungskonform erklärt, freilich bei der Bemessung der Leistungen in einzelnen Hinsichten methodische Fehler festgestellt.[57] Mit einer zum 1. Januar 2011 in Kraft gesetzten Neuregelung hat der Bundesgesetzgeber diese Fehler abgestellt.[58]

Der Regelbedarf eines Arbeitslosengeld-II-Empfängers deckt nach der geltenden Regelung pauschal die Kosten der Ernährung, Kleidung, Haushaltsenergie, Körperpflege, Hausrat, Bedürfnisse des täglichen Lebens sowie „in vertretbarem Umfang" auch Beziehungen zur Umwelt und die Teilnahme am kulturellen Leben. Der Bedarf wird durch eine statistische Auswertung der Verbrauchsausgaben von Haushalten ermittelt, die, ohne Sozialleistungen zu erhalten, zum „untersten Quintil", d. h. zu den einkommensschwächsten 20 Prozent aller Haushalte gehören. Eine nähere Beschreibung des so ermittelten Regelbedarfs findet sich auf der Webseite der Bundesagentur für Arbeit. Danach haben beispielsweise Alleinstehende einen Regelbedarf von 382 Euro im Monat. Der Regelbedarf für einen volljährigen Partner oder eine volljährige Partnerin beträgt 345 Euro, für Kinder je nach Alter zwischen 224 Euro und 289 Euro. Zusätzlich werden die tatsächlich entstehenden Kosten für Unterkunft und Heizung übernommen, soweit sie angemessen sind. In Berlin gilt in diesem Zusammenhang für Einpersonenhaushalte eine Bruttowarmmiete zwischen 380 und 408 Euro, für Zweipersonenhaushalte eine solche zwischen 462 und 489 Euro und für Fünfpersonenhaushalte eine Bruttowarmmiete von 739

und 793 Euro als angemessen. Hinzu kommt ein Warmwas-
serzuschlag in der Größenordnung von 8 bis 15 Euro je Wohnung, soweit die Warmwasserversorgung nicht zentral (z. B.
über Durchlauferhitzer) erfolgt.[59] Ein alleinstehender Bezieher von Arbeitslosengeld II kann auf dieser Grundlage insgesamt bis zu 798 Euro im Monat erhalten. Ein alleinerziehendes Elternteil hat für sich und sein Kind im Alter unter sechs
Jahren einen Regelbedarf von bis zu 1 106 Euro. Eine fünf-
köpfige Familie, bestehend aus Eltern und drei Kindern im
Alter von 14 bis 17 Jahren, kann – unter Einschluss der Kosten für Unterkunft und Heizung – staatliche Leistungen in
Höhe von 2 333 bis 2 402 Euro je Monat beanspruchen.

Folgerungen für die Politikgestaltung

Am Ende dieses Kapitels – dessen Gegenstand der Begriff der
Gerechtigkeit mit seinen speziellen Ausprägungen der Ein-
kommens- und der sozialen Gerechtigkeit war – wird eines
deutlich: Man kann ganz unterschiedliche Konzepte von „Gerechtigkeit" haben. Jede gegebene Einkommens- und Vermö-
gensverteilung kann als „gerecht" oder „ungerecht" empfunden werden. Es gibt zwar sachliche Gründe, mit denen
bestehende Einkommensunterschiede erklärt werden können.
Man kann aber auch eine größere Angleichung der Lebensverhältnisse durch stärkere Umverteilung für gerecht halten. Der
Begriff der Gerechtigkeit gibt, weil er nicht mehr als ein sub-
jektives Empfinden zum Ausdruck bringt, keinen objektiven
Maßstab für die Gestaltung der Politik. *Friedrich August von
Hayek*, Ökonomie-Nobelpreisträger von 1974, hat die „soziale Gerechtigkeit" schlicht zur „Illusion" erklärt.[60] Der langjährige Bundeswirtschaftsminister *Ludwig Erhard*, für viele
der Vater des westdeutschen Nachkriegswirtschaftswunders,
hat ausgeführt: „Ich habe es mir angewöhnt, das Wort Gerechtigkeit fast immer nur in Anführungszeichen auszusprechen,
weil ich erfahren habe, dass mit keinem Wort mehr Missbrauch
getrieben wird als gerade mit diesem höchsten Wert".[61]
    Wer eine Umverteilung befürwortet, muss also andere
Gründe hierfür anführen als die (angebliche) „Gerechtigkeit"

des damit erzielten Ergebnisses. Für das im letzten Abschnitt skizzierte System der sozialen Sicherung gegen Not besteht ein solcher Grund: Es erscheint als ein Gebot der Humanität, andere nicht verhungern oder erfrieren zu lassen, so lange man selbst über die Mittel verfügt, solche Not zu verhindern. Kein Gerechtigkeitsdenken, sondern der einzelne bedürftige Mensch steht bei einer solchen Betrachtungsweise im Mittelpunkt. Eine weitergehende Umverteilung – etwa von relativ gut verdienenden zu weniger gut verdienenden Menschen, die selbst keine Not leiden – lässt sich mit einem solchen Konzept nicht rechtfertigen. In den Kapiteln 6 und 7 ist auf diesen Ansatz zurückzukommen.

5. Maximierung volkswirtschaftlicher Wohlfahrt als Politikziel?

Vom Nutzen der Vertragsfreiheit

Zieht man an dieser Stelle des Buches ein Zwischenfazit, so fällt es ernüchternd aus: „Gerechtigkeit" taugt, wenn der Begriff mehr umfassen soll als ein Verbot staatlicher Willkür, nicht als Richtschnur für die praktische Politik (hierzu Kapitel 4). Eine klassische ökonomische Position wurde bis zu dieser Stelle noch nicht diskutiert: Ziel der Politik soll hiernach die Maximierung der volkwirtschaftlichen Wohlfahrt sein. Die Verwendung des Wohlfahrtbegriffs durch die Wirtschaftswissenschaften ist allerdings missverständlich. Gemeint ist kein sozialpolitisches Ziel, wie es etwa in dem Begriff der „Arbeiterwohlfahrt" anklingt. Vielmehr hat der dem englischen *welfare* entlehnte Terminus eine Bedeutung, die etwa der des deutschen Begriffs Wohlstand entspricht. Im Zentrum der Betrachtung steht der Nutzen der Individuen. Ein Kauf oder Tausch steigert im Allgemeinen die Wohlfahrt der Beteiligten. Hätte nicht jeder Teilnehmer einen Nutzen – im Sinne eines Vorteils – davon, so unterbliebe das Geschäft: Empfände der Verkäufer eines Grundstücks es nicht als Vorteil, im Austausch gegen das verkaufte Land den Kaufpreis zu erhalten, so unterließe er den Geschäftsabschluss. Erschiene es dem Käufer nicht vorteilhaft, gegen Hergabe des Kaufpreises das Land zu erhalten, so würde er sich nicht auf den Kauf einlassen. Eine zentrale politische Folgerung aus dieser Überlegung geht dahin, in einer Gesellschaft weitgehende Vertragsfreiheit zuzulassen, da sie zu einer Steigerung der Wohlfahrt (im Sinne des Nutzens) der Individuen beiträgt.

Manche Ökonomen wollen allerdings bei dieser Folgerung nicht stehenbleiben. Sie halten einen Zustand für erstrebenswert, bei dem der aggregierte Nutzen in einer Volkswirtschaft maximiert wird, auch wenn der Nutzen einzelner Individuen dabei sinkt. Entscheidend ist für diese Position nicht, ob Einzelne durch einen Vertrag oder eine bestimmte Gesetzesvorschrift einen Nachteil erleiden. Ausreichend soll vielmehr sein, ob diejenigen, die einen Vorteil erzielen, den Benachteiligten einen Ausgleich gewähren *können*. Ob es tatsächlich zu einem solchen Ausgleich kommt, ist nach diesem Ansatz ohne Relevanz.[62] Hinter diesem Konzept steht – vereinfachend ausgedrückt – der Gedanke, dass es Aufgabe des Staates sei, den in einer Gesellschaft zur Verfügung stehenden Kuchen so groß wie möglich zu machen. Wie der Kuchen *verteilt* wird, ist eine hiervon zu unterscheidende Frage, auf die im Wesentlichen das Steuer- und das Sozialsystem Antworten geben können.[63]

Zulässigkeit fremdnütziger Enteignungen?

Wenn ein Fabrikant eine Produktionsanlage unter Erstreckung auf ein bisher landwirtschaftlich genutztes Nachbargrundstück erweitern möchte, der Nachbar sein Land aber nicht verkaufen, sondern lieber selbst bewirtschaften will, so wäre nach diesem Ansatz eine Enteignung des Nachbarn in Betracht zu ziehen: Könnte der Fabrikant durch die beabsichtigte industrielle Nutzung einen höheren Gewinn erzielen als der derzeitige Eigentümer, so wäre er in der Lage, diesem aus den erzielten Einnahmen eine Kompensation für den Entzug des Eigentums zu gewähren.

Politik und Recht können in dem zuletzt beschriebenen Fall verschiedene Positionen einnehmen:

• Sie könnten – erstens – die Enteignung zulassen. Hierfür könnte eine gesamtwirtschaftliche Vorteilhaftigkeit dieser Lösung angeführt werden: Die Nutzung des Grundstücks durch den Fabrikanten führt zu einem größeren Gewinn als die durch den derzeitigen Eigentümer. Die Volkswirtschaft profitiert – so ließe sich argumentieren – bei einer

Gesamtbetrachtung von einer solchen veränderten Zuweisung des Eigentums an dem Grundstück. Steuer- und Sozialsystem könnten dafür Sorge tragen, dass der Nachbar auch nach dem Verlust seines Eigentums nicht Hunger leidet.

• Das Rechtssystem könnte – zweitens – eine Enteignung unter der einschränkenden Voraussetzung zulassen, dass es tatsächlich zu einer angemessenen Kompensation des Nachbarn kommt. Die Entschädigung könnte sich beispielsweise am Ertrag der tatsächlichen Grundstücksnutzung durch den neuen Eigentümer orientieren; sie könnte stattdessen auch den objektiven Marktwert des Grundstücks zum Maßstab nehmen. Der Grundstückseigentümer würde durch eine solche Regel vor wirtschaftlichen Nachteilen geschützt. Er müsste aber – zum Wohl eines anderen, der das Grundstück einer profitableren Verwendung zuführen möchte als er selbst – fortan auf sein Eigentum verzichten.

• Das Rechtssystem könnte – drittens – dem Fabrikanten die Enteignung des Nachbarn verwehren. Hierfür ließe sich anführen, dass den Nachbarn keine Rechtspflicht treffe, den Reichtum anderer – in diesem Fall: des Fabrikanten – zu fördern. Auch ließe sich sagen, dass das Eigentum – als das umfassendste Recht, das einer Person an einer Sache zustehen kann – seines wesentlichen Gehalts beraubt wäre, wenn es entzogen werden könnte, sobald ein anderer eine bessere (d. h.: höheren Gewinn bringende) Verwendung für die Sache habe.

Das geltende Recht folgt dem zuletzt genannten Ansatz. Zwar bestimmt Artikel 14 Abs. 2 des Grundgesetzes:

„Eigentum verpflichtet. Sein Gebrauch soll zugleich dem Wohle der Allgemeinheit dienen."

Absatz 3 fügt aber die wichtige Aussage hinzu:

„Eine Enteignung ist nur zum Wohle der Allgemeinheit zulässig."

Hier wird deutlich, dass niemand eine Eigentumsentziehung hinzunehmen hat, wenn sie nur dem Wohl einzelner und nicht demjenigen der Allgemeinheit dient.

Nach der Rechtsprechung des Bundesverfassungsgerichts ist dies in dem Sinn zu verstehen, dass eine Enteignung nur erfolgen darf, wenn sie zur Erfüllung einer bestimmten *öffentlichen Aufgabe* erforderlich ist.[64] Dies schließt zwar eine Enteignung zugunsten Privater – und insbesondere zugunsten von Unternehmen – nicht völlig aus. Eine solche Enteignung zugunsten Privater ist zulässig, wenn sie zur Erfüllung einer bestimmten öffentlichen Aufgabe notwendig ist. Als ein solcher Gemeinwohlgrund kann nach der Rechtsprechung des Gerichts etwa die Sicherstellung der Energieversorgung gelten: Ein Landwirt muss – gegen Entschädigung – die Enteignung einer Ackerfläche zugunsten eines Energieversorgungsunternehmens dulden, wenn sie zur Errichtung einer Hochspannungsleitung benötigt wird.[65] Eine Enteignung allein unter dem Gesichtspunkt, dass der neue Eigentümer die Sache besser zu nutzen vermag als der bisherige, ist demgegenüber nach deutschem Recht ausgeschlossen.

Am Beispiel der Grundstücksenteignung lässt sich zeigen, was eine utilitaristisch geprägte Rechtsordnung ausmacht. Utilitaristen möchten den Nutzen aller maximieren. Der englische Jurist und Sozialreformer *Jeremy Bentham* hat hierfür die Formel vom „größten Glück der größten Zahl" geprägt.[66] Um den aggregierten Nutzen der Individuen zu steigern, soll nach diesem Konzept die Freiheit der einzelnen begrenzt werden: *Bentham* ging so weit, eine erkennungsdienstliche Tätowierung der Bürger zu fordern, um Straftaten effektiv vorzubeugen und hiermit den Nutzen aller zu maximieren.[67]

Pflicht zur Aufopferung für das Wohl anderer?

Das deutsche Recht verlangt – wie gezeigt – grundsätzlich nicht, dass der Einzelne seine Interessen hinter denen anderer zurückstellt, auch wenn deren Nutzen größer erscheinen kann als der eigene Nachteil. Nur in ganz besonders gelagerten Situationen fordert die Rechtsordnung ein Zurücktreten individueller Anliegen gegenüber den Interessen anderer. Wer „in Unglücksfällen oder gemeiner Gefahr oder Not nicht Hilfe leistet, obwohl dies erforderlich und ihm den

Umständen nach zuzumuten, insbesondere ohne erhebliche eigene Gefahr und ohne Verletzung anderer wichtiger Pflichten möglich ist", macht sich wegen unterlassener Hilfeleistung strafbar (§ 323 c des Strafgesetzbuches).

Die Rechtsordnung fordert hiernach ein gewisses Maß an Solidarität: Wer an eine Unfallstelle kommt, muss Hilfe leisten. Er muss hierbei auch Schäden an eigenen niederrangigen Rechtsgütern – insbesondere an seinem Eigentum – hinnehmen. So muss er dem Blutenden helfen, auch wenn dies seine eigene Kleidung ruiniert. Freilich hat diese Pflicht zur Solidarität Grenzen: Niemand ist zur Hilfe verpflichtet, wenn sie ihm nur um den Preis eines gleichen Schadens mit gleicher Schadenswahrscheinlichkeit möglich wäre.

Die Pflicht zur Hilfeleistung bei Unglückfällen kann als Grundanforderung zwischenmenschlicher Humanität begriffen werden. Dass die Rechtsordnung keine darüber hinaus gehende utilitaristische Prägung hat, ist am Urteil des Bundesverfassungsgerichts zum Luftsicherheitsgesetz deutlich geworden. Mit diesem Gesetz sollten Möglichkeiten zur effektiven Abwehr terroristischer Attacken aus dem Luftraum geschaffen werden: Für den Fall, dass ein Flugzeug „gegen das Leben von Menschen eingesetzt werden soll", sah § 14 Abs. 3 des Gesetzes als äußerstes Mittel die „unmittelbare Einwirkung mit Waffengewalt" vor. Hiermit sollte es ermöglicht werden, Attacken wie jenen des 11. September 2001 durch rechtzeitigen Abschuss eines als Angriffsmittel eingesetzten Flugzeugs entgegenzuwirken. Die „unmittelbare Einwirkung mit Waffengewalt" hätte eine Opferung auch der unschuldigen Insassen des entführten Flugzeuges bedeutet. Ihr sicherer Tod wäre hingenommen worden, um die Tötung einer womöglich sehr viel größeren Zahl von Opfern zu verhindern: Einige hundert Flugzeuginsassen würden geopfert, um Tausende oder Abertausende Menschen zu retten, die sich in von Terroristen angesteuerten Gebäuden, in Fußballstadien oder in der Umgebung von Kernkraftwerken aufhielten. Das Bundesverfassungsgericht erklärte § 14 Abs. 3 des Luftsicherheitsgesetzes für verfassungswidrig.[68] Das Gericht brachte zum Ausdruck, dass eine Abwägung von Leben gegen Leben mit dem Menschenbild des Grundgesetzes nicht vereinbar sei: Der Staat müsse sich zwar schützend und fördernd vor das Leben jedes Einzelnen stellen.[69] Er dürfe aber nicht, um Menschen zu retten, andere Menschen töten: „Ausgehend von der Vorstellung des Grundgesetzgebers, dass es zum Wesen des Menschen gehört, in Freiheit sich selbst zu bestimmen und sich frei zu entfalten, und dass der Einzelne verlangen kann, in der Gemeinschaft grundsätzlich als gleichberechtigtes Glied mit Eigenwert anerkannt zu werden, schließt es die Verpflichtung zur Achtung und zum Schutz der Menschenwürde … generell aus, den Menschen zum bloßen Objekt des Staates zu machen. Schlechthin verboten ist damit jede Behandlung des Menschen durch die öffentliche Gewalt, die dessen Subjektqualität, seinen Status als Rechtssubjekt, grundsätzlich in Frage stellt, indem sie die Achtung des Wertes vermissen lässt, der jedem Menschen um seiner selbst willen, kraft seines Personseins, zukommt.".[70] Eine gezielte Tötung missachte die Betroffenen als Subjekte mit Würde und unveräußerlichen Rechten. Sie würden, wenn sie zum Zweck der Rettung anderer getötet würden, „verdinglicht und zugleich entrechtlicht". Verfüge der Staat über ihr Leben, so spreche er ihnen den Wert ab, der „dem Menschen um seiner selbst willen zukommt".[71]

Eine Aufrechnung von Menschenleben gegen Menschenleben ist nach dieser Entscheidung unzulässig, der Staat darf nicht das „größte Glück der größten Zahl" verfolgen, wenn dies nur unter Opferung von Menschenleben möglich wäre. Er darf – konkreter gesprochen – im Fall einer terroristischen Attacke kein Flugzeug mit unschuldigen Menschen abschießen, um eine größere Zahl von Menschen zu retten. Das Grundgesetz ist demnach nicht utilitaristisch geprägt: Die Inpflichtnahme von Menschen findet am Schutz des Lebensrechts des Einzelnen eine harte Grenze.

Hier soll nicht der Eindruck erweckt werden, mit dem Urteil des Bundesverfassungsgerichts zum Luftsicherheitsgesetz seien alle Rechtsfragen um die Gefährdung und Tötung von

Menschen durch staatliche Aktionen beantwortet. In einer Situation wie derjenigen der Entführung der Lufthansa-Maschine „Landshut" durch eine Einheit des Bundesgrenzschutzes („GSG 9") im Jahr 1977 müssen Abwägungen getroffen werden, die *im Ergebnis* zur Tötung unschuldiger Menschen führen können. Der Befreiungsversuch auf dem Flughafen von Mogadischu hätte fehlschlagen und zur Tötung sämtlicher Flugzeuginsassen durch die Terroristen führen können. Der Fall ist aber mit dem im Luftsicherheitsgesetz Geregelten nicht vergleichbar: Bei der von der Bundesregierung im Jahr 1977 angeordneten Aktion wurde keine Tötung durch Staatsorgane ins Auge gefasst, sondern eine solche durch Terroristen riskiert; zudem diente der Einsatz nicht dem Schutz anderer als der durch die staatliche Aktion gefährdeten Personen, sondern deren eigener Befreiung.

6. Der Mensch im Mittelpunkt

Ingredienzen eines am Menschen orientierten Gemeinwesens

Die Schilderung einzelner Regeln des geltenden deutschen Rechts hat deutlich werden lassen, dass der Mensch im Mittelpunkt der getroffenen Wertentscheidungen steht. Der Einzelne muss sich nicht in den Dienst eines höheren Ziels, etwa einer Steigerung der volkwirtschaftlichen Wohlfahrt, stellen. Er muss namentlich sein Eigentum nicht hergeben, auch wenn ein anderer im Einzelfall eine nutzbringendere Verwendung dafür hat. Er muss auch nicht sein Leben lassen, um andere Menschen – und sei es eine große Zahl von Menschen – zu retten. Er hat freilich bei Unglücksfällen – beispielsweise bei Verkehrsunfällen – die Pflicht, Verletzten zu helfen, wo dies erforderlich und zumutbar erscheint.

Diese Wertungen stehen nicht in Widerspruch zueinander. Sie ergänzen einander vielmehr: In ihrer Kombination bringen sie zum Ausdruck, dass Individualismus nicht Egoismus bedeuten muss. Die ersten beiden Aussagen – keine privatnützige Enteignung, keine Aufopferung für das Leben anderer – drücken aus, dass die Rechtsordnung im Ausgangspunkt am Wohl von Individuen orientiert ist, nicht am Wohl eines Kollektivs. Auch wenn die Vorteile eines Eingriffs in das Eigentums- oder gar das Lebensrecht eines Einzelnen *per saldo* – bei einer Gesamtbetrachtung des gesellschaftlichen Nutzens – überwögen, muss niemand die eigene Entrechtung hinnehmen. Allerdings bestehen Grundanforderungen des sozialen Miteinander, die ihre Basis in zentralen Anliegen der Humanität haben: Niemand darf im akuten Unglücksfall dem Mitmenschen die lebens- oder gesundheitsrettende Hilfe verweigern, die ihm selbst möglich und zuzumuten ist. Dem, was hier in scheinbar kleiner Münze von Passanten an einer

Unfallstelle eingefordert wird, entspricht im großen Maßstab,
was der Staat im Rahmen der Grundsicherung von wirtschaftlich Leistungsfähigen an Bedürftige transferiert. Wie in
Kapitel 4 beschrieben, trägt das Arbeitslosengeld II („Hartz
IV") bzw. – bei nichterwerbsfähigen Menschen – das Sozial-
geld dafür Sorge, dass in Deutschland niemand verhungern
und niemand erfrieren muss. Tatsächlich geht die aus den
genannten Instrumenten bestehende Grundsicherung über
diese Anforderungen des „nackten Überlebens" noch hinaus:
sie deckt nicht nur die Kosten für Ernährung, Wohnen und
Heizen, sondern auch Ausgaben für Kleidung, Hausrat, Körperpflege und – in engen Grenzen – die Inanspruchnahme
von Informations- und Kulturangeboten. Zudem werden die
erforderlichen Beiträge zur gesetzlichen oder privaten Krankenversicherung von den für die Grundsicherung zuständigen öffentlichen Stellen geleistet.

Gewährleistung eines menschenwürdigen Existenzminimums
Das Bundesverfassungsgericht misst die Rechtskonformität
der Grundsicherungs-Regelsätze am Maßstab eines „menschenwürdigen Existenzminimums". Wenn einem Menschen
die zur Gewährleistung eines menschenwürdigen Daseins
notwendigen materiellen Mittel fehlen, weil er sie weder aus
eigener Erwerbstätigkeit noch aus seinem Vermögen oder
durch Zuwendungen Dritter erlangen kann, sieht das Gericht
den Staat in der Pflicht zum Ausgleich. Dieser Rechtszustand
steht in scharfem Kontrast zur Lebenswelt und -wirklichkeit
früherer Generationen. Kaum eine Generation hat – wie an
anderer Stelle bereits deutlich geworden ist – eine so weitgehende Absicherung gegen die großen Risiken des Lebens
erfahren. Im Gegenteil: Wer sich die an früherer Stelle wiedergegebenen Schilderungen der Lebensumstände beispielsweise zu Zeiten der industriellen Revolution in Erinnerung
ruft, dem wird deutlich, dass das heute in Deutschland und
in zahlreichen anderen Staaten Westeuropas herrschen Ni-
veau sozialer Absicherung alles andere als naturgegeben ist.
Als „Naturzustand" kann vielmehr das Leben ohne weitrei-

chende soziale Sicherungen erscheinen. Diesem Zustand sind auch sehr wohlhabende Staaten der westlichen Welt zum Teil noch beträchtlich näher als Deutschland und seine Nachbarstaaten. Der US-amerikanische Präsident *Barack Obama* hat dies zu Beginn seiner ersten Amtszeit für sein Land mit den Worten zum Ausdruck gebracht, die USA gehörten bisher zu den Nationen, die viele Menschen „nur einen Unfall oder eine Krankheit vom Bankrott entfernt" leben ließen[72].

Wer sich all dies bewusst macht, dem kann die ausdrückliche Anerkennung eines – wie das Bundesverfassungsgericht formuliert – „Grundrechts auf Gewährleistung eines menschenwürdigen Existenzminimums"[73] als eine Kulturleistung ersten Ranges erscheinen. Sie nimmt den Menschen die Sorge vor einem unverschuldeten Abgleiten in existenzbedrohende Not. Namentlich Obdachlosigkeit und Hunger kann vermeiden, wer die Leistungen des Gemeinwesens annimmt. Dies hilft nicht nur jenen, die tatsächlich auf Leistungen der Grundsicherung angewiesen sind. Auch viele andere Menschen, die sich um die Sicherheit ihres Arbeitsplatzes oder um die Robustheit ihrer Gesundheit sorgen, vermittelt die Gewissheit, äußerstenfalls mit dem für das Leben Notwendigen ausgestattet zu werden, existenzielle Sicherheit. Verglichen mit den in Europa in früheren Epochen und vielerorts noch heute herrschenden Lebensbedingungen bedeutet diese Sicherheit – und das Wissen um sie – einen elementaren Gewinn an Lebensqualität.

Individualismus oder Kollektivismus?

Im vorstehenden Abschnitt wurde anhand einzelner Regeln skizziert, wie das geltende Recht den Menschen zum Mittelpunkt macht. Der Mensch wird als Individuum mit eigenen grundlegenden Rechten respektiert. Er muss sich grundsätzlich nicht für ein Kollektiv opfern. Er muss weder sein Leben noch sein Eigentum hergeben, auch wenn dies für die Gesellschaft im Ganzen nutzbringend wäre. Freilich bestehen Grundanforderungen der Humanität, die ihren Niederschlag u. a. im System der existenzschützenden Grundsicherung fin-

den. Nimmt man diese Beschreibung bestimmter Regeln des
geltenden Rechts zum Ausgangspunkt, so mag man die Frage
stellen, in welche Richtung das Gemeinwesen *fortentwickelt*
werden sollte. Das ist die zentrale Frage der praktischen Politik: In welcher Weise soll das Zusammenleben der Menschen
organisiert werden? Hier sind ganz unterschiedliche Ansätze
denkbar: Ein Rückbau des erreichten Zustandes der sozialen
Sicherung, ein Ausbau der bereits erfolgenden Umverteilung
von Wohlstand oder eine weitgehende Förderung individueller Freiheiten.

Bevor dieser Frage vertiefend nachgegangen wird, soll aber
eine Grundentscheidung getroffen werden: Alle Regeln müssen in Belangen der von ihnen betroffenen Menschen ihren
letzten Grund haben. Philosophen bezeichnen diese Grundposition als *normativen Individualismus*. Tatsächlich liegt
der normative Individualismus – meist unausgesprochen –
vielen Theorien der politischen Philosophie zugrunde, beispielsweise den Vertragstheorien von *Thomas Hobbes, John
Locke, Immanuel Kant* und *John Rawls*.[74]

Das Gegenstück zum normativen Individualismus bildet
der *normative Kollektivismus*. Hiernach ist der letzte Grund
politischer und rechtlicher Entscheidungen nicht in den Belangen der betroffenen Menschen, sondern in einem Legiti-
mation verschaffenden *Kollektiv* zu sehen, beispielsweise
dem des Staates oder der Gesellschaft. Besonders starke Spiel-
arten des normativen Kollektivismus haben vertreten, dass
alle oder zumindest besonders wichtige Entscheidungen
nicht auf die Belange der betroffenen Individuen, sondern
auf die des Kollektivs – etwa des Staates – zurückzuführen
sind. Kollektivistische Systeme, in denen die Gemeinschaft
als *Selbstzweck* erscheint, waren der Nationalsozialismus
und der Kommunismus.[75]

Den normativen Individualismus unterscheidet von den
zuletzt genannten Lehren des normativen Kollektivismus,
dass der Staat bei ihm *dienende Funktion* hat: Das Gemeinwesen steht im Dienst der Menschen, nicht umgekehrt. Jedes
staatliche Handeln muss aus den Belangen der davon betrof-

fenen Menschen gerechtfertigt werden können, nicht aus einem „Staatsinteresse" heraus. Allerdings ist zuzugeben, dass sich bei diesem Ansatz schwierige Fragen stellen. Manche politische Entscheidung wird aus einem „Allgemeininteresse" heraus begründet, ohne dass gleich ersichtlich wird, welche Belange von Individuen hierdurch gefördert werden. Sind all solche Entscheidungen unter dem Blickwinkel des normativen Individualismus unzulässig?

Wenn der Staat die Verunreinigung von Gewässern unter Strafe stellt (§ 324 des Strafgesetzbuches), so dient dies nicht nur einem „Allgemeininteresse" am Erhalt der natürlichen Lebensgrundlagen, sondern zugleich mittelbar den Interessen der Menschen an diesem Erhalt.[76] Wenn Vorschriften des Baurechts dafür Sorge tragen, dass Bauvorhaben sich in die nähere Umgebung einfügen (§ 34 des Baugesetzbuches des Bundes) und keine Gefahren für die öffentliche Sicherheit oder Ordnung begründen (zum Beispiel § 3 der nordrhein-westfälischen Landesbauordnung), so werden hierdurch Belange von Menschen geschützt; denn zur „öffentlichen Sicherheit und Ordnung" zählt die zuletzt genannte Vorschrift ausdrücklich das Leben, die Gesundheit und die natürlichen Lebensgrundlagen. Auch Vorschriften, die auf den ersten Blick allein der Staatsgewalt zu dienen scheinen, können bei näherer Betrachtung mit den schützenswerten Interessen der Staatsbürger erklärt werden: § 117 des Strafgesetzbuches erklärt den „Widerstand gegen Vollstreckungsbeamte", insbesondere gegen Amtsträger wie beispielsweise Polizeibeamte zur Straftat. Zunächst scheint die Vorschrift lediglich einem staatlichen Interesse an der Durchsetzung von Ge- und Verboten zu dienen. Geht man aber – auf der Grundlage des normativen Individualismus – davon aus, dass auch die Anordnungen von Amtsträgern sich letztlich durch einen Bezug auf Belange betroffener Menschen legitimieren müssen, so erscheint die Strafvorschrift in einem anderen Licht: Sie dient dem Interesse von Menschen daran, dass ihre berechtigten Interessen durch Amtsträger geschützt werden. Jeder hat ein Interesse an einem funktionierenden

Gemeinwesen, das seine Bürger vor Übergriffen und Rechtsverletzungen schützt.

Welches Gemeinwesen wollen wir?

Wird der normative Individualismus zum Ausgangspunkt
genommen, so ist damit noch nicht entschieden, wie das Gemeinwesen im Einzelnen ausgestaltet werden soll. Das Erfordernis, staatliches Handeln an den Belangen betroffener Individuen auszurichten, bedeutet nicht mehr als eine erste und
sehr grobe Leitlinie für die Politik. Ganz unterschiedliche
Maßnahmen kommen unter dieser Prämisse in Betracht. So
ließe sich mit den Belangen betroffener Menschen ein weiterer Ausbau der Umverteilung zugunsten wenig leistungs-
fähiger Menschen rechtfertigen. Aber auch das gegenteilige
Ergebnis – ein Abbau des Sozialstaates – ließe sich auf Basis
des normativen Individualismus begründen: Die Menschen,
zu deren Lasten die Umverteilung erfolgt, sind hierdurch in
ihren Interessen betroffen; ihren Belangen würde es dienen,
wenn Wohlstandstransfers künftig unterblieben. Auch paternalistische Maßnahmen ließen sich mit dem normativ-indivi-
dualistischen Ansatz vereinbaren: Ein allgemeines Alkohol-
verbot, wie es in den USA von 1919 bis 1933 bestand und in
zahlreichen Ländern auch heute existiert, könnte auf die für
Individuen potenziell schädlichen Wirkungen des Alkohol-
konsums gestützt werden. Man könnte noch weiter gehen
und groteske Regelungen erlassen, ohne damit notwendigerweise den Boden des normativen Individualismus zu verlassen: Ein allgemeines Verbot des Badens in öffentlichen Gewässern und Schwimmbädern könnte die Menschen ebenso
vor Gefahren bewahren wie ein allgemein gültiges Radfahr-
verbot.

Das Prinzip der Entscheidungsfreiheit

Die zuletzt angeführten Beispiele zeigen: Die praktische Politik benötigt, auch wenn eine Grundentscheidung im Sinne
eines den Menschen dienenden Gemeinwesens getroffen ist,
weitere Orientierungspunkte. An dieser Stelle wird dafür plä-

diert, bei der Feststellung der Belange, an der Politik ausgerichtet wird, in erster Linie auf die *wirklichen Wünsche und Ziele* der betroffenen Menschen abzustellen: Ist auf ihrer Seite ein konkreter Wille festzustellen, so erschiene es als Anmaßung, wenn Politiker sich hierüber hinweg- und ihre Entscheidung an die Stelle derjenigen der Betroffenen setzten.

Die hier eingenommene Grundposition ist auf die Sicherung der Freiheit des Individuums gerichtet: Sie unterstellt, dass Menschen selbst am besten wissen, was für sie gut ist. Selbst wenn sie in der Gestaltung ihrer Lebensweise im Einzelfall oder in einer konkreten Situation nicht besonders klug handeln, akzeptiert das Gemeinwesen grundsätzlich ihre Entscheidung. Hierin kommt ein grundlegender Respekt vor dem Einzelnen zum Ausdruck. Zugleich ist vom hier eingenommen Blickwinkel aus zu bezweifeln, dass andere – etwa Politiker – besser als die Betroffenen zu beurteilen vermögen, was für diese gut ist. Paternalistische Regeln wie die soeben zur Illustrierung erwähnten allgemeinen Alkohol-, Bade- oder Radfahrverbote sind mit dieser Position nicht vereinbar.

Bevormundungen im geltenden Recht

Dem zuletzt Gesagten entspricht es, Vertragsfreiheit zu gewähren: Wenn davon ausgegangen wird, dass Menschen selbst am besten zu beurteilen vermögen, was für sie von Vorteil ist, sollte man ihnen auch die Freiheit zum Abschluss von Verträgen beispielsweise für die Anschaffung von Gegenständen oder die Inanspruchnahme von Dienstleistungen zugestehen. Dies impliziert die Freiheit zur Selbstbindung: Der Rechtsgrundsatz *pacta sunt servanda* – Verträge sind einzuhalten – kann sich gegen jeden Vertragschließenden wenden: Wer ohne Wenn und Aber ein vertragliches Versprechen abgegeben hat, muss sich hieran festhalten lassen.

Bevormundung I: Verbraucherschutz

Der Grundsatz der Vertragsfreiheit erodiert seit einer Reihe von Jahren: Wohlmeinende Bürokraten und Politiker haben eine Klientel entdeckt, der fast jeder Bürger zugehört: die

Verbraucher. Unter der Flagge des Verbraucherschutzes ist eine Vielzahl von Widerrufsrechten entstanden, die Verbrauchern innerhalb einer Frist von zumeist vierzehn Tagen die einseitige Lösung von mit Unternehmern eingegangen Verträgen erlauben. Verbraucher können sich in bestimmten Situationen nicht mehr „ohne Wenn und Aber" verpflichten: Ihnen wird eine selbstverantwortliche Entscheidung, die sie binden würde, nicht mehr zugetraut.

Dies gilt beispielsweise für Verträge, die aufgrund mündlicher Verhandlungen am Arbeitsplatz oder im Bereich der Privatwohnung oder im Anschluss an ein überraschendes Ansprechen in Verkehrsmitteln oder im Bereich öffentlich zugänglicher Verkehrsflächen geschlossen werden (§ 312 Abs. 1 Nr. 1 und 3 des Bürgerlichen Gesetzbuches). Auch Verträge über die Lieferung von Waren oder die Erbringung von Dienstleistungen, die unter Verwendung von „Fernkommunikationsmitteln" wie Telefon, E-Mail oder im Wege der Online-Bestellung geschlossen werden, können von Verbrauchern widerrufen werden (§§ 312 b, 312 d des Bürgerlichen Gesetzbuches). Auf diesem Wege können Verbraucher beispielsweise Verträge, die sie über Internet-Auktionsplattformen wie ebay mit Unternehmern schließen, rückgängig machen.[77] Die meisten dieser Widerrufsrechte sind im europäischen Richtlinienrecht verankert worden; die EU-Mitgliedstaaten sind dementsprechend zu ihrer Gewährung verpflichtet. An den verbraucherschützenden Widerrufsrechten wird eine Geisteshaltung deutlich, die sich auch anderswo im Recht niedergeschlagen hat: Der Mensch wird für schutzbedürftig erklärt, seine Fähigkeit zur Selbstbindung eingeschränkt. Das hat Folgen. Zum einen laden weitreichende Widerrufsrechte zum Missbrauch ein: Wer einen Gegenstand für vierzehn Tage besitzen möchte, ohne einen vom Anbieter geforderten Kaufpreis hierfür zu zahlen, kann durch Abschluss eines Online-Geschäfts zu diesem Ziel gelangen. Auch pädagogische Wirkungen der Unverbindlicherklärung von Verträgen sind in Rechnung zu stellen: Wer sich im Zweifel darauf verlassen kann, dass das Rechtssystem ihn vor harten Vertragsfolgen schützt, büßt womöglich die Bereitschaft und Fähigkeit zu einer kritischen Prüfung der von ihm abzugebenden Erklärungen ein.

Bevormundung II: Arbeitsgerichtliche Vertragskontrolle

Die Vertragsfreiheit erodiert nicht nur durch verbraucherfreundliche – und damit unternehmerfeindliche und volkswirtschaftlich teure – Widerrufsrechte. Seit Jahrzehnten nehmen Richterinnen und Richter Einfluss auf den Inhalt von Verträgen, die zuvor zwischen Bürgern ausgehandelt wurden. Als Beispiel für einen Eingriff in bestehende Vertragsverhältnisse kann die Rechtsprechung deutscher Arbeitsgerichte zur „betrieblichen Übung" angeführt werden. Auch wenn ein Arbeitgeber seinen Arbeitnehmern niemals vertraglich die Gewährung von Weihnachtsgeld versprochen hat, kann er unter bestimmten Voraussetzungen zur Leistung einer Gratifikation verpflichtet sein: Hat er in drei aufeinander folgenden Jahren seinen Arbeitnehmern Weihnachtsgeld gezahlt, so haben diese vom vierten Jahr an automatisch Anspruch hierauf. Sogar neu in den Betrieb eintretende Arbeitnehmer, die gar nichts von der Wohltat wissen, kommen in den Genuss dieser „betrieblichen Übung". Der Arbeitgeber hätte, um diese Folge zu vermeiden, die Leistung ausdrücklich unter einen sogenannten Freiwilligkeitsvorbehalt stellen, d. h. erklären müssen, dass die Zahlung freiwillig und ohne Anerkennung einer Rechtspflicht erfolge. Richter ändern auf diese Weise in Fällen, in denen ein Arbeitgeber ohne „Freiwilligkeitsvorbehalt" leistet, obrigkeitlich den Vertragsinhalt.[78]

Bevormundung III: Glühbirnenvertriebsverbote

Eine Bevormundung von Bürgern findet auch im Hinblick auf die *Gegenstände* statt, über die sie Verträge schließen können. Ein eindrucksvolles Beispiel hierfür findet sich im europäischen Recht: Mit einer von 2009 datierenden Verordnung schuf die Europäische Kommission Anforderungen an das „Ökodesign" von Leuchtmitteln, die in insgesamt sechs

Stufen, beginnend mit dem 1. September 2009, den Vertrieb herkömmlicher Glühbirnen (die Verordnung spricht von „herkömmlichen Glühlampen") untersagt. Die Europäische Kommission erhofft sich von dieser Maßnahme Energieeinsparungen in einem Ausmaß von 39 Terrawattstunden im Jahr 2020.[79] Fachleute halten die Erreichung dieses Ziels unter Verweis auf sogenannte *Rebound-Effekte* für illusorisch: Erhöhte Energieeffizienz führt oft nicht im erwarteten Maß zu Einsparungen. Die aufgrund der Effizienzsteigerung zusätzlich verfügbare Energie wird zu niedrigeren Preisen auf dem Markt angeboten; zu diesen Preisen wird sie verstärkt nachgefragt und verbraucht („direkter *Rebound-Effekt*"). Auch wird das von Verbrauchern infolge erhöhter Energieeffizienz eingesparte Geld mitunter für andere energieintensive Maßnahmen ausgegeben („indirekter *Rebound-Effekt*"). Der von der Europäischen Kommission für das Glühbirnenverbot angeführte Einspareffekt erscheint demnach jedenfalls in der angestrebten Größenordnung zweifelhaft. Kritiker bemängeln zudem, dass bei der Einführung des Verbots die Umweltbelastung nicht berücksichtigt worden sei, die durch eine nicht fachgerechte Entsorgung von nunmehr anstelle der herkömmlichen Glühbirnen eingesetzten quecksilberhaltigen Energiesparleuchten entstehe.[80]

Bevormundung IV: Antidiskriminierungsrecht

Seit Jahren wird in der Europäischen Union die Vertragsfreiheit in ihrem Kern ausgehöhlt: *Antidiskriminierungsrichtlinien* sorgen zum Beispiel dafür, dass Arbeitgeber bei Einstellungsentscheidungen nicht nach Religion oder Weltanschauung, nach Alter oder sexueller Orientierung von Bewerbern auswählen dürfen.[81] Nach der hierauf gegründeten EU-Rechtsprechung dürfen Luftfahrtgesellschaften ihre Piloten nicht mehr aus Sicherheitsgründen generell mit sechzig Jahren in den Ruhestand versetzen, da dies einen Fall von Altersdiskriminierung darstellen würde.[82] Versicherungen dürfen, wie jüngst der Europäische Gerichtshof entschied, keine unterschiedlichen Tarife für Männer und Frauen anbieten – auch wenn diese Gruppen ganz unterschiedliche Risiken in sich tragen.[83] Die Europäische Kommission betreibt die Ausdehnung dieser Grundsätze auf weitere Lebensbereiche. So soll nach ihren Plänen in Zukunft auch für den „Zugang zu Wohnraum" das Antidiskriminierungsrecht Anwendung finden. Bei der Auswahl von Mietern dürfen dann Kriterien wie das Alter oder die sexuellen Präferenzen der Interessenten nicht mehr berücksichtigt werden.[84]

Gegenentwurf: Der Mensch als vernunftbegabtes, verantwortlich handelndes Wesen

Die im vorangehenden Abschnitt aufgezeigten Bevormundungen bringen ein deprimierendes Menschenbild zum Ausdruck: Dem Rechtssystem scheint die Vorstellung zugrunde zu liegen, dass der Mensch in vielen Situationen bei seinen Entscheidungen der Hilfe durch den Obrigkeitsstaat bedarf. Verbrauchern wird nicht zugetraut, vernünftige, eigenverantwortliche Entscheidungen zu treffen. Arbeitnehmern werden Gratifikationen zugesprochen, nach denen sie nie gefragt haben. Menschen werden für unfähig gehalten, ökologisch vernünftige Entscheidungen zu treffen; Politiker halten sich hierzu für besser befähigt (und übersehen möglicherweise umweltschädliche Fernwirkungen ihrer Entscheidungen). Wegen einer vermuteten Neigung zu diskriminierendem Verhalten wird die Entscheidung von Menschen, mit wem sie Verträge schließen, einer richterlichen Kontrolle ausgesetzt.

An dieser Stelle wird für ein Abrücken von dem beschriebenen pessimistischen Menschenbild plädiert. Politische und namentlich gesetzgeberische Entscheidungen sollten vom Bild eines zu eigenverantwortlichem Handeln befähigten Individuums ausgehen. Erwachsene Menschen sollten an den von ihnen in freier Selbstbestimmung getroffenen Entscheidungen festgehalten werden, solange auf ihrer Seite kein Irrtum im Spiel war.

Der hier eingenommenen Haltung liegt kein naiver Glaube an die Vernunftbegabung des *Homo sapiens* zugrunde. Viele Menschen handeln oft irrational; hierauf ist im folgenden Ka-

pitel unter dem Stichwort der modernen Verhaltensökonomie zurückzukommen. Zu fragen ist allein, wie die Politik
auf den Befund von der begrenzten Rationalität menschlichen Handelns reagieren soll. Dieses Buch spricht sich dafür
aus, Menschen an den von ihnen getroffenen Entscheidungen
festzuhalten. In dieser grundsätzlichen Anerkennung individueller Entscheidungen kommt ein grundlegender Respekt
vor den Menschen zum Ausdruck, *wie sie tatsächlich sind.* Es
ist nicht Sache des Staates, die von Menschen – möglicherweise auf irrationaler Grundlage – getroffenen Entscheidungen zu korrigieren. Neben dem Respekt vor der individuellen
Entscheidung spricht ein Zweites für die Zurückhaltung des
Staates: Es darf bezweifelt werden, dass die auf seiner Seite
handelnden Personen (Politiker, Beamte und Richter) zu
einer besseren Entscheidung befähigt sind als die betroffenen
Individuen.

7. Was ist Staatsaufgabe?

Das herkömmliche Konzept: Eingriffe bei Marktversagen

Überkommener ökonomischer Theorie zufolge sollen Staatseingriffe gerechtfertigt sein, um ein *Marktversagen* zu vermeiden. Dabei meint Marktversagen nicht einfach den Fall, dass der Markt nicht diejenigen Ergebnisse hervorbringt, die ein politischer Akteur (etwa der Gesetzgeber) für wünschenswert hält. Vielmehr sind in der Theorie im Wesentlichen die folgenden Fälle als Marktversagen anerkannt: (1.) Das Vorliegen externer Effekte, (2.) Informationsasymmetrien, (3.) Marktmacht (insbesondere Monopolmacht) und (4.) die Schaffung sogenannter öffentlicher Güter.[85]

Externe Effekte treten auf, wenn Handlungen unmittelbare und nicht über Märkte vermittelte Auswirkungen auf daran zunächst unbeteiligte Personen haben. Ein Produzent, der Schadstoffe einfach in ein öffentliches Gewässer leitet, verlagert die Kosten seines Handelns (Umweltbelastung) auf Dritte, etwa auf die Allgemeinheit. Im Wettbewerb kann er durch sein umweltschädigendes Verhalten womöglich Vorteile erlangen, da er zu günstigeren Kosten produziert und daher billiger verkaufen kann als Konkurrenten, die Schadstoffe umweltschonend entsorgen. Von dem Gut, dessen Herstellung in dieser Weise negative externe Effekte zeitigt, wird eine größere Menge produziert und abgesetzt als in dem Fall, in dem der Produzent die Umweltlasten selbst tragen und in seine Kalkulation aufnehmen muss.[86] Das Recht kann auf verschiedene Weise reagieren, um dem Marktversagen zu begegnen: Zum einen können bestimmte Emissionen durch öffentliches Ordnungsrecht verboten oder begrenzt werden. Zum zweiten können Emissionen mit einem Preis versehen und damit die Kosten der Umweltbelastung dem

Verursacher auferlegt werden. Ein solches Konzept der Internalisierung von Kosten – die die umweltschädliche Produktion verteuert und damit einen Anreiz zu ihrer Vermeidung
schafft – liegt dem seit 2005 in der EU geltenden System des
Handels mit CO_2-Zertifikaten zugrunde.

Der Markt kann weiterhin versagen, wo *Informationsasymmetrien* bestehen. Verkäufer kennen die Qualität ver-
kaufter Gegenstände oft besser als Käufer. Die Diskrepanz
im Informationsstand kann sich im Extremfall sogar dahingehend auswirken, dass kein Kauf zustande kommt: Ein
potentieller Gebrauchtwagenkäufer kann womöglich nicht
ermessen, bei welchem einzelnen Fahrzeug die Wartung ver-
nachlässigt wurde – mit der Folge einer erhöhten Wahrscheinlichkeit eines baldigen kapitalen Motorschadens. Er
mag daher bei allen ihm angebotenen Exemplaren nur zur
Zahlung eines niedrigen, auf Basis der Möglichkeit eines Motorschadens kalkulierten Preises bereit sein. Zu diesem niedrigen Preis aber sind Verkäufer gut erhaltener Exemplare
möglicherweise gar nicht zum Verkauf bereit. *George Akerlof*
hat auf dieses Problem *adverser Selektion* in seinem berühm-
ten Aufsatz *The Market for ‚Lemons‘: Quality Uncertainty
and the Market Mechanism* aufmerksam gemacht: Möglicherweise kommen Verkäufe nur noch bei schlechten Ge-
brauchtwagen – im englischen Sprachgebrauch oft als *lemons*
bezeichnet – zustande. Für die guten Exemplare besteht zu
dem von den Verkäufern verlangten Preis kein Markt.[87] Zur
Bewältigung des Problems kommen zum einen Marktlösun-
gen in Betracht: Verkäufer gut gewarteter Fahrzeuge könnten
Beschaffenheitsgarantien geben und damit Käufern das Scha-
densrisiko abnehmen. Daneben kann aber auch die Rechtsordnung intervenieren und hiermit zu einem reibungslosen
Marktgeschehen beitragen: Gesetzlich angeordnete Gewähr-
leistungsrechte fördern das Vertrauen von Käufern, im Fall
des Erwerbs eines schadhaften Exemplars Ansprüche gegen
den Verkäufer zu haben. Dies kann die Zahlungsbereitschaft
von Käufern steigern: Müssen sie nicht mehr fürchten, im
Schadensfall rechtlos dazustehen, sind sie möglicherweise

zur Zahlung eines Preises bereit, zu dem auch die Anbieter guter Exemplare ihre Fahrzeuge abzugeben bereit sind. Angebot und Nachfrage können bei einer solchen Rechtslage zur Deckung kommen.

Der Markt kann auch versagen, wo einzelne Akteure über *Marktmacht,* insbesondere Monopolmacht, verfügen. Marktmacht wird im Allgemeinen gleichgesetzt mit der Fähigkeit eines Anbieters, seinen Abnehmern Preise abzuverlangen, die die eigenen Kosten des Anbieters wesentlich übersteigen. Bei der Bemessung der eigenen Kosten ist – verbreiteter wirtschaftswissenschaftlicher Auffassung entsprechend – auf die sogenannten Grenzkosten abzustellen, d. h. auf die Kosten, die bei der Produktion einer zusätzlichen Einheit eines Gutes anfallen. Übersteigt der vom Marktmächtigen, etwa einem Monopolisten, in Rechnung gestellte Preis eines Gutes diese Kosten erheblich, so kann der Markt seine Funktion nicht optimal erfüllen: Zu dem erhöhten Preis werden typischerweise weniger Käufer zum Erwerb des Gutes bereit sein als zu einem – hypothetischen – niedrigeren Preis, der bei funktionierendem Wettbewerb zustande käme. Die Versorgung der Nachfrager mit den von ihnen begehrten Gütern ist also – wegen der bei erhöhten Preisen verringerten Absatzmenge – suboptimal. Dies gilt für Nachfrager von Produktionsfaktoren – beispielsweise von Rohstoffen – in grundsätzlich gleicher Weise wie für Endverbraucher. Um dem abzuhelfen, kann das Recht auf zweierlei Weise reagieren. *Erstens* kann mit Mitteln des *Kartellrechts* versucht werden, der Entstehung und Ausnutzung von Marktmacht vorzubeugen: Vorschriften der Fusionskontrolle sind darauf gerichtet, der Entstehung von Marktmacht – und insbesondere der Entstehung von Monopolen – entgegen zu wirken. Zudem verbietet das Recht die Bildung von Kartellen, mit denen Unternehmen den Wettbewerb schwächen oder ausschalten, um auf diese Weise Marktmacht zu erlangen. *Zweitens* greift die Rechtsordnung insbesondere bei sogenannten natürlichen Monopolen mit Instrumenten der *Regulierung* in die Marktergebnisse ein. Hiervon wird in den *Netzwirt-*

schaften Gebrauch gemacht, in denen – da die Verlegung mehrerer Elektrizitäts-, Gas-, Schienen- oder Telekommunikationsnetze oft unwirtschaftlich wäre – eine „natürliche" Tendenz zur Monopolbildung besteht. Moderne Regulierung ordnet hier an, dass und zu welchen Konditionen ein Netzbetreiber anderen Unternehmen Zugang zu seinem Netz zu gewähren hat.

Manche Güter werden vom Markt deshalb nicht hervorgebracht, weil niemand für sie zu zahlen bereit ist. Beruht dieser Mangel an Zahlungsbereitschaft darauf, dass keine Nachfrage nach dem Gut besteht, so versteht sich dieses Ergebnis in einer Marktwirtschaft von selbst: Diese Wirtschaftsform produziert grundsätzlich nur solche Güter, für die eine Nachfrage existiert. Es gibt aber Güter, für die zwar eine Nachfrage besteht, die aber aus *besonderen Gründen* nicht produziert werden. Ein solcher Grund kann darin liegen, dass bei der Bereitstellung des Gutes für einzelne zahlende Nachfrager nicht verhindert werden kann, dass andere Nachfrager in den Genuss des Gutes kommen, ohne hierfür zu bezahlen. Die Nichtausschließbarkeit vom Konsum soll eines der Kennzeichen sogenannter *öffentlicher Güter* sein, deren Bereitstellung nach verbreiteter ökonomischer Theorie als Staatsaufgabe erscheint: Wenn ein Verkehrsteilnehmer für die Kosten der Beleuchtung einer öffentlichen Straße aufkäme, ließe sich nicht vermeiden, dass andere Benutzer der Straße von der Beleuchtung profitieren. Diese Situation könnte ein „Trittbrettfahrerverhalten" aller Verkehrsteilnehmer hervorrufen: Jeder hofft auf eine Bereitstellung des Gutes durch die anderen, niemand ist bereit, selbst dafür zu bezahlen. Eine Lösung liegt in der Bereitstellung des Gutes durch die öffentliche Hand. Neben der Beleuchtung öffentlicher Wege werden auch die Sicherstellung der Landesverteidigung und die Errichtung von Deichen und Leuchttürmen oft als Beispiele für öffentliche Güter genannt. Auch die bereits im Zusammenhang der externen Effekte genannten Fälle des Umwelt- und des Klimaschutzes werden mitunter als öffentliche Güter bezeichnet. Diese Beispiele deuten darauf hin, dass die Kategorie der öffentlichen Güter nicht einfach abzugrenzen ist.[88]

Ein Anwendungsbeispiel: Die Regulierung der Finanzmärkte
Nach überkommener Wirtschaftstheorie – die in ihren Grundlagen auf die in der zweiten Hälfte des 19. Jahrhunderts entwickelte sogenannte *neoklassische Theorie* zurückgeht – ist für Staatseingriffe in den bisher angesprochenen Fällen eines Marktversagens Raum. Wo der Markt dagegen nicht versagt, erscheinen bei dieser Betrachtungsweise Staatseingriffe als Störfaktoren: Der funktionierende Markt führt überall dort, wo Verträge geschlossen werden, offenbar zu einer Erhöhung des Nutzens der Beteiligten – ansonsten kämen die Verträge nicht zustande. Ist der Nutzen der Beteiligten höher, steigt – bei Fehlen externer Effekte – auch der aggregierte Nutzen *aller* Wirtschaftssubjekte der Volkswirtschaft, d. h. die sogenannte volkswirtschaftliche Wohlfahrt.

Die herkömmliche wirtschaftswissenschaftliche Betrachtungsweise legt es nahe, Staatseingriffe jenseits eines eng umgrenzten Bereichs anerkannter Fälle von Marktversagen abzulehnen. Allerdings ist diese überkommene Betrachtungsweise in der jüngeren Vergangenheit von verschiedenen Seiten unter Druck geraten. Zum einen hat der noch in den 1990er Jahren stark verbreitete Glaube an die Selbststeuerungs- und Selbstheilungskräfte des Marktes in neuerer Zeit erheblich an Anhängern verloren. Insbesondere die Finanzkrise der Jahre 2007 ff. hat offenbar werden lassen, dass Märkte in weit mehr als den vier genannten Fallgruppen eines Marktversagens der staatlichen Regulierung bedürfen. Dies ist im Grundsatz keine neue Erkenntnis. So unterliegen Finanzmärkte und namentlich Banken in allen entwickelten Volkswirtschaften seit vielen Jahrzehnten Sonderregeln, die ihre Ursprünge zum Teil in gesetzgeberischen Reaktionen auf den Zusammenbruch des Weltwirtschaftssystems zu Anfang der 1930er Jahre haben. Seit den 1970er Jahren konnte sich aber die Auffassung mehr und mehr breit machen und auch in der Regulierung an Einfluss gewinnen, dass man Fi-

nanzmärkte – vereinfachend gesprochen – am besten sich
selbst überlasse. Dieser Glaube wurde durch die in den Wirtschaftswissenschaften entwickelte sogenannte Theorie effi-
zienter Kapitalmärkte maßgeblich gefördert. *Eugene Fama*
hatte mit seinem Aufsatz „*Efficient Capital Markets. A Review of Theory and Empirical Work*" im Jahr 1970 den
Grund für diese Denkrichtung gelegt. Eine Kernaussage dieser Lehre lautet: Handeln alle Marktteilnehmer – Verkäufer
wie Käufer – vollständig rational und auf der Grundlage gleicher Informationen, so wird die Summe dieser Informationen
in den Preisen bzw. Kursen vollständig reflektiert.[89] Der
Markt funktioniert hiernach perfekt: Kein Teilnehmer wird
in der Lage sein, langfristig bessere Ergebnisse zu erzielen als
der Markt.

Die jüngste Finanzkrise hat demgegenüber bestätigt, was
eine *verfeinerte* finanzwissenschaftliche Forschung in den
vergangenen Jahrzehnten herausgearbeitet hat: Märkte funktionieren aus vielerlei Gründen nicht perfekt und stabilisieren
sich nicht notwendigerweise selbst. Vielmehr kann es auch
bei Annahme rationalen Handelns vieler Akteure zur Bildung spekulativer Blasen kommen, deren Platzen ganze
Volkswirtschaften schädigen kann. So kann es aus Sicht eines
individuellen Anlegers durchaus rational erscheinen, in
Kenntnis einer bereits bestehenden spekulativen Überbewertung bestimmter Unternehmen oder Branchen fortlaufend in
sie zu investieren, um vom zunächst weiterhin ansteigenden
Kurs zu profitieren. Wichtig erscheint bei einer solchen (mitunter als *momentum trading* bezeichneten) Anlagestrategie
allein, den rechten Zeitpunkt zum Ausstieg nicht zu verpassen: Der Anleger muss verkaufen, bevor die Blase platzt und
der Kurs verfällt.[90]

Das Verhalten zahlreicher Privatanleger kann hiernach zu
spekulativen Übertreibungen und gefährlichen Blasenbildun-
gen führen – mit der möglichen Folge, dass diejenigen Investoren, die den richtigen Zeitpunkt zum Ausstieg verpassen,
beim Platzen der Blase einen erheblichen Verlust erleiden.
Bis in die 1980er Jahre war aber unter Finanzwissenschaftlern

die Auffassung verbreitet, dass das Handeln professioneller Akteure einen korrigierenden und damit stabilisierenden Einfluss habe: Lösten Privatanleger in wenig rationaler Weise Kursentwicklungen aus, die durch die Fundamentaldaten der gehandelten Anlagen nicht gerechtfertigt seien, so griffen professionelle Investoren (*„smart money"*) korrigierend ein und stellten die Informationseffizienz der Kapitalmärkte wieder her: Das besser informierte „kluge Geld" nutze, so die über lange Zeit vorherrschende Theorie, im Wege der Arbitrage die Differenz zwischen aktuellem Kurs und langfristigem Wert der Anlage, kaufe also im Fall einer Unterbewertung und verkaufe bei Überbewertung.[91]

Diese optimistische Sichtweise ist durch neuere Untersuchungen nicht bestätigt worden; seit der Finanzkrise der Jahre 2007ff. kann sie als widerlegt gelten.[92] Neuere wirtschaftswissenschaftliche Studien weisen darauf hin, dass es vor dem Hintergrund der Risiken und Grenzen von Arbitragestrategien *auch für professionelle Marktteilnehmer* rational erscheinen kann, nicht kurskorrigierend tätig zu werden, sondern Ineffizienzen des Marktes in anderer Weise auszunutzen. So kann es (auch) für professionelle Akteure gewinnbringend sein, ein *momentum trading* zu betreiben, d. h. unabhängig von Fundamentalwerten und langfristigen Kursaussichten auf kurzfristige, möglicherweise spekulationsgetriebene Kursentwicklungen zu wetten.[93] Professionelle Entscheider mögen hierbei – zu Recht oder zu Unrecht – davon ausgehen, in besserer Weise als Privatanleger zum Erkennen des „richtigen" Zeitpunkts für eine Kursänderung befähigt zu sein.

Dass das Handeln professioneller Anleger die Märkte nicht notwendigerweise stabilisiert, sondern im Einzelfall *destabilisierende Wirkung* haben kann, ist in der jüngsten Finanzkrise deutlich geworden. Massenhafte Fehlbewertungen von Finanztiteln waren zuvor vornehmlich privaten Anlegern unterlaufen. An der Finanzkrise der Jahre 2007ff. verblüfft, dass es hier in erster Linie professionelle Akteure waren, die in großer Zahl Papiere erwarben, welche sich später als dras-

tisch überbewertet erwiesen: Bankhäuser in Amerika und
Europa erwarben in großem Umfang verbriefte Kreditforderungen, die – wie sich später herausstellte – wenig werthaltig
waren. Damit wurde ein Wirtschaftszweig getroffen, bei dem
man im Hinblick auf die Bewertung von Wertpapieren und
die Einschätzung von Kreditrisiken besondere Expertise ver-
mutet hätte.

Eine nähere Betrachtung der für die handelnden Bankmitarbeiter und Geschäftsleiter bestehenden *Anreize* führt zu
alarmierenden Ergebnissen: Neuere Forschungen haben darauf hingewiesen, dass professionelle Akteure auch dann
noch geneigt sein können, an einer am Markt vorherrschen-
den Bewertung festzuhalten, wenn sie Anhaltspunkte für
eine deutliche Abweichung des Trends von Fundamentalwerten und langfristigen Kursaussichten haben. Eine zentrale
Rolle kommt hierbei der Erkenntnis zu, dass professionelle
Akteure zumeist nicht für eigene, sondern – beispielsweise
als Fonds- oder Portfoliomanager – für fremde Rechnung
handeln. Ihre persönliche Motivationslage kann zum einen
durch positive Erfolgsanreize – etwa Prämien im Fall einer
positiven Wertentwicklung –, zum anderen dadurch be-
stimmt sein, inwieweit sie im Fall eines Misserfolgs persönlich zur Verantwortung gezogen werden können. Ein „Her-
denverhalten" institutioneller Investoren wird in neueren
Untersuchungen damit erklärt, dass beispielsweise Portfoliomanager danach bewertet werden, wie die Werte des von
ihnen verwalteten Vermögens sich *im Vergleich mit denen
ihrer Konkurrenten* entwickeln. Hiernach kann es für den
einzelnen Portfoliomanager nachteilig sein, ein von ihm für
überbewertet gehaltenes Finanzinstrument zu veräußern,
während konkurrierende Unternehmen daran festhalten.
Entwickelt sich der Wert aufgrund des Verhaltens der anderen positiv, so kann dies zu einer negativen Beurteilung des
Managers führen, der das Anlageinstrument frühzeitig ver-
äußert hat. Demgegenüber kann ein im Einklang mit konkurrierenden Investoren folgendes Festhalten an dem Papier –
auch entgegen der eigenen Einschätzung bezüglich dessen

„innerer" Qualität – für den Manager die weniger riskante Strategie sein: Behält oder verbessert das Papier seinen Wert, hat er keinen Fehler begangen, kommt es dagegen – etwa aufgrund einer Verhaltensänderung bei nicht professionellen Anlegern – zu einem Kursverfall, so kann er sich darauf berufen, andere professionelle Investoren hätten die Einschätzung geteilt, der Verlust sei daher nicht vorhersehbar gewesen.[94]

Das Zustandekommen der jüngsten Finanzkrise kann zu einem Teil mit Mechanismen der beschriebenen Art erklärt werden: Professionelle Anleger erwarben in großer Zahl verbriefte Kreditforderungen amerikanischer Provenienz, deren wirklicher Wert nicht leicht einzuschätzen war. Branchenkenner hatten schon vor dem 2007 erfolgten Zusammenbruch des US-amerikanischen Immobilienmarktes eine zunehmende Überbewertung diagnostiziert und damit auf das Entstehen einer Spekulationsblase hingewiesen. Dass gleichwohl zahlreiche Banken Subprime-Kreditverbriefungen erwarben, wird vielfach mit der Koinzidenz zweier Umstände erklärt: Zum einen versprachen die Papiere eine höhere Rendite als viele Anlagen anderer Art, zum anderen waren sie von Rating-Agenturen mit dem Spitzenrating AAA ausgestattet worden. Dass beides bei einem funktionierenden Kapitalmarkt nicht zusammen passte, musste professionellen Marktteilnehmern auffallen: Bei funktionierendem Markt werfen Anlagetitel gleicher Sicherheit vergleichbare Renditen ab; wenn bei den Kreditverbriefungen deutlich höhere Renditen in Aussicht gestellt wurden, sprach dies für das Bestehen höherer Risiken. Dies in Verbindung mit der schon in der Öffentlichkeit geäußerten Sorge um eine Überhitzung des US-amerikanischen Immobilienmarktes hätte Anlass gegeben, sich um die Sicherheit der Investition in amerikanische Kreditverbriefungen zu sorgen. Die in den betroffenen Banken handelnden Personen standen aber ihrerseits unter dem Druck, hohe Renditen zu erwirtschaften. Die Entscheidungsträger konnten zur Unterstützung ihrer Investitionsentscheidungen darauf hinweisen, dass ihre Einschätzung der Kreditverbriefungen vom Markt, d. h. von konkurrierenden

Instituten, geteilt wurde und dass die Papiere ein exzellentes
Rating – AAA – erhalten hatten. Die in diesen Banken han-
delnden Personen konnten somit einerseits eine renditeträch-
tige Anlagepolitik verfolgen und hatten andererseits für den
Fall eines Fehlschlagens gute Argumente zu ihrer eigenen
Entlastung auf der Hand.

Die hier angestellte Betrachtung muss alarmieren: Sie gibt
Hinweise auf das Bestehen von Mechanismen, die in ihrem
Zusammenwirken eine destabilisierende Wirkung für das
Finanzwesen im Ganzen entfalten können: Professionelle
Akteure verstärken mitunter bestehende Markttrends erheb-
lich, und in extremen Situationen kann dies – wie 2008 ge-
schehen – zu Verwerfungen führen, welche die Stabilität der
internationalen Finanzmärkte bedrohen.

Die in diesem Abschnitt entwickelte Gedankenführung
beruht weitgehend auf der Grundlage der Annahme eines
rationalen Verhaltens der Handelnden: Es wurde dargelegt,
dass selbst bei angenommen rationalem Verhalten der einzelnen Akteure Märkte destabilisiert werden und Volkswirtschaften in eine Krise geraten können: Auf Grundlage der gegebenen Anreizstruktur – etwa der Aussicht auf eine Prämie
im Fall einer positiven Wertentwicklung – konnte es für
Bankmitarbeiter persönlich vorteilhaft sein, das Geld ihres
Arbeitgebers in renditeträchtiger, aber riskanter Weise zu investieren. Bei einem Fehlschlagen hatten sie gute Argumente
zu ihrer eigenen Entlastung zur Hand. Diese Beobachtung
legt den Schluss nahe, dass auch dort, wo wirtschaftswissenschaftliche Forscher noch in den 1990er Jahren einen Rück-
zug staatlicher Regulierung forderten, eine Neubewertung
angezeigt sein kann. Die Überprüfung und Neujustierung
von Anreizsystemen (wie den in Banken bestehenden Vergü-
tungs- und Verantwortlichkeitsregeln sowie den hierfür bestehenden rechtlichen Rahmenbedingungen) ist eine Dauer-
aufgabe für die wirtschaftswissenschaftliche Forschung.
Ökonomen sprechen insoweit von *mechanism design*. Allerdings darf hierbei die grundsätzliche Richtung nicht aus den
Augen verloren werden: Staatliche Eingriffe sind – auf der

Grundlage des bis hier beschriebenen traditionellen wirtschaftswissenschaftlichen Ansatzes – nur zur rechtfertigen, um ein Marktversagen zu vermeiden.

Die Verhaltensökonomie: Eine neue Sicht auf alte Probleme

Die Annahme rationalen menschlichen Verhaltens, auf der ein Großteil der in der Ökonomie verwendeten Modelle und Argumentationsmuster beruht, ist in den vergangenen Jahrzehnten mehr und mehr in Frage gestellt worden. Dabei war auch unter Wirtschaftswissenschaftlern stets unbestritten, dass der Mensch aus Fleisch und Blut keineswegs so kühl und rational handelt wie der *homo oeconomicus* der ökonomischen Modellwelt. Umstritten ist aber, was daraus folgt: Orthodoxe Ökonomen meinen, dass der Erkenntniswert ihrer Forschung durch einzelne Abweichungen ihrer Modellannahmen von realen menschlichen Verhaltensweisen in Einzelfällen nicht grundsätzlich in Frage gestellt werde. Jedenfalls „im Aggregat" – d. h. bei zusammenfassender Betrachtung größerer Gruppen von Individuen – handelten Menschen zumeist wie *homines oeconomici*, d. h. rational, den eigenen Nutzen maximierend (sprich egoistisch) sowie auf der Grundlage feststehender Präferenzen und mehr oder weniger vollständiger Information. Diese Annahme ist freilich von der modernen Verhaltensökonomie zunehmend in Frage gestellt worden: Die Forschungen dieses Wissenschaftszweiges weisen darauf hin, dass Menschen in gewissen Situationen *systematisch* irrational handeln.[95]

Schon frühe verhaltensökonomische Forschungen haben belegt, dass Menschen nicht allein ihren individuellen Nutzen maximieren, sondern auch einen Sinn für faire Verteilungen haben. Dies ist eines der Ergebnisse des seit den 1980er Jahren vielfach und in Variationen experimentell durchgeführten *Ultimatum-Spiels:* Ein Spieler hat die Aufgabe, einen ihm vom Veranstalter zur Verfügung gestellten Geldbetrag nach eigenem Ermessen zwischen sich und einem Mitspieler aufzuteilen. Nimmt der zweite Spieler den ihm angebotenen Geldbetrag an, so wird das Geld tatsächlich in dem vom ers-

ten Spieler vorgeschlagenen Verhältnis zwischen beiden auf-
geteilt. Lehnt der zweite Spieler ab, so verfällt der vom Veranstalter zur Verfügung gestellte Betrag; beide Mitspieler gehen
leer aus. Ein weit überwiegender Teil der vorschlagenden
Spieler boten ihrem Mitspieler zwischen einem Drittel und
der Hälfte der zur Verfügung stehenden Summe an. In Fällen,
in denen den Mitspielern weniger als ein Fünftel der Gesamt-
summe angeboten wurde, lehnten diese das Angebot vielfach
ab, obwohl für sie bei rationaler Betrachtung[96] die Annahme
auch hier vorteilhaft gewesen wäre: Sie hätten bei Annahme
immerhin einen – geringen – Teilbetrag erhalten, aufgrund
ihrer Ablehnung erhielten sie dagegen nichts. Diese Ergebnisse deuten darauf hin, dass die Mitspieler, (d. h. die zweiten
Spieler) vielfach auch unter Hinnahme einer Einbuße bereit
waren, ihren Gegenpart für ein von ihnen als unfair empfun-
denes Aufteilungsangebot zu „bestrafen".

Die Ergebnisse des Ultimatum-Spiels können als Beleg für
eine auf Fairness-Empfindungen beruhende Verhaltensweise
der jeweils zweiten Spieler angesehen werden. Über die Fair-
ness der zur Aufteilung berufenen jeweils ersten Spieler sagen
sie nichts. Deren oft beobachtete relative Großzügigkeit
(Offerten zwischen einem Drittel und der Hälfte des Gesamt-
betrags für den zweiten Spieler) könnte mit einer – rationalen – Vorsicht begründet werden: Ein großzügiges Angebot
vermindert die Wahrscheinlichkeit, dass der zweite Spieler
ablehnt – mit der Folge des Verfallens des gesamten Betrages.
Diese Erklärung großzügiger Aufteilungsangebote scheidet
bei einem anderen Spiel aus, das gleichfalls oft Gegenstand
von Experimenten war. Beim sogenannten *Diktator-Spiel* hat
der jeweils zweite Spieler keinerlei Einfluss auf die vom ersten vorgenommene Aufteilung: Der erste Spieler könnte die
gesamte Summe für sich vereinnahmen, ohne dass der zweite
dies verhindern könnte. Auch bei dieser Spielanordnung gab
ein großer Teil der zur Aufteilung berufenen Spieler einen
gewissen Anteil des Gesamtbetrages an ihre Mitspieler ab.

Neben offenbar durch Fairness-Empfindungen beeinfluss-
ten Entscheidungen sind insbesondere Beurteilungsfehler

von Entscheidungsträgern vielfach Gegenstand verhaltens-
ökonomischer Untersuchungen gewesen. Die wissenschaftlichen Grundlagen für diese Forschungen sind von Kogni-
tionspsychologen wie *Daniel Kahneman* gelegt worden, der
im Jahr 2002 für seine entscheidungspsychologischen Forschungen mit dem Nobelpreis für Wirtschaftswissenschaften
ausgezeichnet wurde. Die von *Kahneman* gemeinsam mit seinem 1996 verstorbenen Kollegen *Amos Tversky* entwickelte
Prospect Theory beschreibt menschliches Entscheidungsver-
halten unter Unsicherheit. Eine ihrer Erkenntnisse lautet,
dass Menschen auf Verluste und Verlustrisiken typischerweise mit anderer Intensität reagieren als auf Gewinne und
Gewinnchancen. Eine von ihnen durchgeführte Untersuchung mit 150 Teilnehmern belegt dies eindrucksvoll: 84 Prozent der Teilnehmer zogen einen sicheren Gewinn von
240 Dollar einer 25-prozentigen Chance auf einen Gewinn
von 1 000 Dollar vor. Sie wollten sich also nicht auf ihr Glück
verlassen, obwohl der statistische Durchschnittswert – der
„Erwartungswert" – der zweiten Variante mit 250 Dollar
(25 Prozent von 1 000 Dollar) geringfügig höher als der der
„sicheren" Variante war.

Wurde dagegen nach der Bereitschaft zur Übernahme von
Verlustrisiken gefragt, so ergab sich ein völlig anderes Bild:
Nur 13 Prozent der Teilnehmer zogen einen sicheren Verlust von 750 Dollar der alternativen Möglichkeit vor, mit
einer Wahrscheinlichkeit von 75 Prozent die Summe von
1 000 Dollar zu verlieren. Die überwältigende Mehrheit von
87 Prozent der Befragten zog das mit einer Wahrscheinlichkeit von 75 Prozent anzusetzende Risiko eines Verlustes von
(sogar) 1 000 Dollar vor – in der Hoffnung, dass dieses Risiko
sich nicht realisiere, sondern die mit einer Wahrscheinlichkeit
von 25 Prozent verknüpfte Chance, keinen Verlust zu erleiden.[97]

Die besonderen Schwierigkeiten, die Menschen beim Umgang mit Verlusten und Verlustrisiken haben, sind im Bereich
der Finanzmärkte oft beobachtet worden: Kleinanleger nei-
gen dazu, Gewinne deutlich rascher zu realisieren als Ver-

luste: Während sie Aktien nach einer Kurssteigerung oft bald
veräußern, halten sie lange an Papieren fest, wenn der Kurs
einmal unter den Erwerbspreis gefallen ist. Neuere Studien
erklären dies damit, dass Anleger die Neigung haben, Verluste aus ihrem Kalkül auszublenden. Mit ihrem Festhalten
an „Verliereraktien" schaden Anleger im Falle eines weiteren
Kursverfalls sich nicht nur selbst. Auch die Funktionsfähig-
keit des Kapitalmarktes – namentlich die Fähigkeit des Marktes zur raschen Reflexion von Informationen in den Kursen –
ist im Fall einer asymmetrischen Reaktion von Anlegern auf
Gewinne und Verluste in Frage gestellt.

Verhaltensökonomen haben in den vergangen Jahren eine
Vielzahl von weiteren Wahrnehmungsverzerrungen und Ra-
tionalitätsdefiziten untersucht. Zu den oft beschriebenen
Phänomenen zählt eine verbreitete Neigung zur Überschät-
zung der eigenen Fähigkeiten *(overconfidence)*.[98] Diese
Wahrnehmungsverzerrung kann sich auf die unterschiedlichsten Lebensbereiche beziehen – auf die eigene Befähigung
zum sicheren Autofahren ebenso wie auf die Fähigkeit zur
gewinnbringenden Geldanlage. Kleinanleger treffen aufgrund einer derartigen Einschätzung – etwa der Annahme,
klüger zu sein oder geschickter zu agieren als „der Markt" –
häufiger Investitions- und Desinvestitionsentscheidungen,
als es bei Inrechnungstellung der jeweils anfallenden Kosten
ihrer Interessenlage entspricht. Die Neigung zur Selbstüber-
schätzung wird oft von weiteren Kognitionsfehlern flankiert.
So werden Informationen, die eine einmal getroffene Entscheidung zu bestätigen scheinen, über-, entgegenstehende
Informationen untergewichtet *(confirmation bias)*.[99]

Auch krisenhafte Entwicklungen der jüngeren Vergangenheit wurden zu einem Teil mit irrationalen Verhaltensmustern
von Marktteilnehmern erklärt. So hat der amerikanische
Ökonom *Robert Shiller* die Ende der 1990er Jahre zu be-
obachtende Entstehung einer Spekulationsblase im Bereich
der *New Economy* (sogenannte *Dotcoms*) als das Ergebnis
eines irrationalen Herdenverhaltens von Kleinanlegern beschrieben: Bis zum Platzen der Blase im März 2000 habe eine

große Zahl von Anlegern sich durch immer weiter steigende Kurse in ihrem Verhalten (und ihrem Beurteilungsvermögen) bestätigt gesehen, ohne die Möglichkeit einer schon bestehenden Überbewertung und eines baldigen Absturzes hinreichend in ihr Kalkül aufzunehmen. An den Märkten habe ein irrationaler Überschwang geherrscht, Anleger hätten sich in ihrem Enthusiasmus gegenseitig angesteckt.[100]

Diese Beobachtungen legen den Schluss nahe, dass rationales und irrationales Verhalten in verhängnisvoller Weise zusammenwirken können: Schon in einem früheren Abschnitt wurde gezeigt, dass das Mitwirken an der Entstehung und Verstärkung einer Spekulationsblase durchaus rational erscheinen kann: Solange der Handelnde die Fähigkeit zum rechtzeitigen Ausstieg hat, verdient er am Anstieg der Kurse. Ein solches rationales Vorgehen etwa von professionellen Marktteilnehmern und das von *Shiller* beschriebene irrationale Verhalten vieler Kleinanleger können ineinandergreifen und sich gegenseitig bestärken. Der Aufbau und das Platzen einer Spekulationsblase können unmittelbar oder mittelbar große volkswirtschaftliche Schäden anrichten: Auch die „große" Finanzkrise der Jahre 2007ff. wird unter anderem auf das Platzen der *Dotcom-Blase* zurückgeführt: Um nach deren Platzen im Jahr 2000 eine Rezession zu vermeiden, flutete die US-amerikanische Notenbank unter ihrem Vorsitzenden *Alan Greenspan* in den Folgejahren den Markt mit billigem Geld – was eine Ursache für die anschließende Überhitzung des US-amerikanischen Immobilienmarktes war, dessen Zusammenbruch 2007 die nächste Krise auslöste.

Die Liste der von den Verhaltenswissenschaftlern aufgedeckten Rationalitätsdefizite ließe sich fortsetzen. Interessenten werden auf die in den Endnoten zu diesem Abschnitt angegebene Literatur verwiesen. An dieser Stelle soll allein die Einschätzung geäußert werden, dass verhaltensökonomische Untersuchungen wichtige Beiträge zu Wirtschaftsforschung und Politik leisten können. Sie zeigen Leistungsgrenzen der auf der Rationalitätsannahme fußenden ökonomischen Standardmodelle auf und können – auch durch positive Formu-

lierung und Modellierung von wirtschaftlichen Zusammenhängen – zur Fortentwicklung der ökonomischen Erkenntnis
beitragen. Damit können sie im Zusammenwirken mit den
überkommenen Lehren der orthodoxen Wirtschaftswissenschaften auch einen Beitrag dazu liefern, einem Marktversagen künftig vorzubeugen.

Die schöne neue Welt des Paternalismus

Verhaltensökonomen haben es nicht bei dem – im letzten Abschnitt geschilderten – Versuch bewenden lassen, Aussagen
der hergebrachten Ökonomie in Frage zu stellen, zu ergänzen oder zu verfeinern. Von dem großen Zuspruch befeuert,
den ihre Disziplin in der Öffentlichkeit erfahren hat, wenden
sie sich mehr und mehr auch Fragestellungen zu, die durchaus mit menschlichem Verhalten, aber wenig mit Ökonomie
im hergebrachten Sinn des Begriffes zu tun haben.

Dieser Ansatz hat auch das Weiße Haus in Washington erreicht: Zum Beraterteam *Barack Obamas* gehörte während
dessen erster Amtsperiode als US-Präsident der Rechtspro-
fessor *Cass Sunstein,* der gemeinsam mit dem Ökonomen *Richard Thaler* in einer populären Schrift namens *Nudge* (zu
Deutsch etwa „Schubs" oder „Anstoß") eine große Zahl von
praktischen Anregungen entwickelt hat.[101] Der gemeinsame
Ansatz der in diesem Buch und in anderen Abhandlungen
vorgetragenen Vorschläge lautet: Da Menschen sich oft nicht
so verhalten, wie es ihren eigentlichen Interessen und Präferenzen entspräche, muss man ihnen bei der Entscheidungsfindung „helfen". Die Autoren sprühen vor Gedanken. Ihre
Vorschläge betreffen die unterschiedlichsten Lebensbereiche
und Entscheidungsstrukturen. Es geht ihnen, ohne dass das
Werk in dieser Weise gegliedert wäre, im Wesentlichen um
die drei in den folgenden Absätzen angesprochenen Ent-
scheidungskonstellationen.

Möglichkeiten der Selbstkontrolle. Menschen können
durch eigene Selbstbindung vermeiden, in Situationen zu geraten, in denen sie sich unvernünftig verhalten könnten. Ein
prominentes Beispiel ist *Odysseus,* der sich der Sage zufolge

an den Mast seines Schiffes binden ließ, um nicht den Lock-
gesängen der Sirenen nachgeben zu können. Profanere
Vorschläge für das tägliche Leben halten *Thaler* und *Sunstein*
bereit: Wer Gewichtsprobleme hat, sollte seinen Küchen-
schrank nicht mit Süßigkeiten und Cashewnüssen füllen. Er
kann aber auch mit einem Bekannten oder einem hierauf
spezialisierten Unternehmen (stickk.com) einen Vertrag
schließen, der ihn für den Fall der Nichterreichung eines defi-
nierten Ziels (etwa eines bestimmten Körpergewichts an
einem im Voraus festgelegten bestimmten Tag) zur Zahlung
einer signifikanten Geldsumme an eine gemeinnützige Organisation verpflichtet. Die bisweilen ironisch gestimmten Autoren fügen hinzu, dass die Selbstverpflichtung möglicherweise noch stärker wirke, wenn im Fall eines Verfehlens des
selbstgesetzten Ziels anstelle einer wohltätigen Institution
eine verhasste Organisation (etwa der Fanclub eines gegne-
rischen Fußballteams) den versprochenen Geldbetrag er-
halte.[102]

Einflussnahme Privater auf Private. Mitunter möchten
Privatpersonen oder Unternehmen anderen dabei helfen,
sich ihren „wahren" Interessen entsprechend zu verhalten.
Eingehend diskutieren *Thaler* und *Sunstein,* wie ein Arbeitgeber erreichen könnte, dass seine Arbeitnehmer mit einem
Teil ihres Gehalts für ihr Alter vorsorgen, statt die verfüg-
baren Mittel für kurzlebige Konsumgüter auszugeben. Die
Autoren führen aus, dass das bloße Angebot einer entsprechenden Vorsorgemöglichkeit – etwa einer freiwilligen betrieblichen Altersvorsorge – nicht ausreiche. Entscheidenden
Einfluss für die Zielerreichung habe die Formulierung einer
geeigneten *default rule* – d. h. derjenigen „Standardvorgabe",
die zur Anwendung komme, wenn der Arbeitnehmer keine
ausdrückliche Entscheidung treffe. Wolle der Arbeitgeber
seinen Mitarbeitern einen Anstoß zu Vorsorgeaufwendungen
geben, so könne er die Regel aufstellen, dass er einen bestimmten Prozentsatz des Lohns in einen betrieblichen Ren-
tenfonds einzahle. Der Arbeitnehmer werde nicht zur Annahme dieser Lösung gezwungen. Er könne sich das Geld

auszahlen lassen und beispielsweise für einen Sportwagen oder eine Flugreise ausgeben. Verhaltensökonomen zufolge wird sich aber ein erheblich größerer Teil der Arbeitnehmer durch die vorgeschlagene Gestaltung zu einer Verbesserung ihrer Altersversorgung bewegen lassen als bei einer umgekehrt gestalteten *default rule* – d. h. in dem Fall, dass die vollständige Auszahlung des Lohns die Regel und die Altersvorsorge der Ausnahmefall ist, für den es einer besonderen Entscheidung des Arbeitnehmers bedarf.[103]

Staatliche Einflussnahme auf das Verhalten Privater. Großen Raum nimmt in dem Buch von *Thaler* und *Sunstein* die Konstellation der staatlichen Einflussnahme auf das Verhalten Privater ein. Politiker und Behördenmitarbeiter mögen von dem Wunsch beseelt sein, Menschen zu einem „besseren Leben" zu verhelfen: Dazu, besser zu essen, mehr zu sparen, weniger Risiken einzugehen und mehr für gute Zwecke zu spenden. Die Autoren diskutieren viele Wege zur Erreichung solcher Ziele. Für Schulverpflegung zuständige Behörden könnten dafür Sorge tragen, dass in Schulmensen und -cafeterien Speisen in einer die gesunde Ernährung fördernden Weise dargeboten werden. Nicht Pommes Frites sollten auf Augenhöhe präsentiert werden, sondern Karotten. Motorradfahrer könnten, wo der Staat nicht durch eine „hart" paternalistisch wirkende Rechtspflicht das Tragen von Helmen vorschreiben möchte, durch einen „weich" wirkenden *Nudge* hierzu angehalten werden: Von Fahrern, die auf einen Helm verzichten wollen, könnte die Absolvierung eines speziellen Sicherheitstrainings verlangt werden. Staaten könnten durch die Führung von Sperrregistern Spielsüchtigen helfen, sich vor den Folgen ihres Verlangens zu schützen: Wer sich – aufgrund eigener Entscheidung – in das Register eintragen lässt, hat in Spielcasinos des betreffendes Landes keinen Zugang mehr (in Deutschland besteht auf der Grundlage des von den Ländern geschlossenen Glücksspiel-Staatsvertrages eine solche Möglichkeit).

Viel Aufmerksamkeit widmen die Autoren dem rechtspolitisch brisanten Thema der Organspende.[104] Die in verschiedenen Ländern gemachten Erfahrungen belegen ihnen zufolge, dass der Rechtsrahmen entscheidende Bedeutung für das Aufkommen an Organspenden habe: In Ländern, die – wie in der Vergangenheit Deutschland, die Schweiz und fast alle US-Bundesstaaten – eine ausdrückliche Zustimmungserklärung des Spenders zur Voraussetzung einer Organentnahme machten (sogenannte Zustimmungslösung), sei das Aufkommen an Organspenden signifikant niedriger als in Ländern wie Österreich, in denen nur ein ausdrücklicher Widerspruch die Organentnahme ausschließt (sogenannte Widerspruchslösung). Wolle die Politik lebensrettende Organspenden fördern, so könne sie dies – so die Autoren – durch eine Entscheidung für die Widerspruchslösung erreichen. Wenn die Spende die Regel, die Verweigerung der Spende die – nur bei ausdrücklichem Widerspruch eingreifende – Ausnahme sei, werde vielen Unentschlossenen ein leichter „Schubs" in Richtung der Bereitschaft zur Organspende gegeben. *Thaler* und *Sunstein* bezeichnen den von ihnen gepriesenen Ansatz als „libertären Paternalismus". Sie sehen in ihm einen echten „dritten Weg" zwischen freiheitsbeschränkender Regelung und Laissez-Faire-Politik.[105] Tatsächlich verbleibt den Menschen unter diesem Ansatz das Recht zu Entscheidung: Die Schüler dürfen zwischen Pommes Frites und Karotten entscheiden. Wer Erfahrung mit Kindern hat, mag allerdings an dem – von den Autoren nicht belegten – praktischen Erfolg einer Strategie zweifeln, die durch schlichte Neuanordnung der Speisen eine Vielzahl von Schülern zu einem Wechsel von Pommes Frites zu Möhren veranlassen möchte.

Motorradfahrer sind nach dem Ansatz der Autoren frei darin, sich für oder gegen das Tragen eines Helms – und damit für oder gegen ein gesteigertes Risiko eigener Verletzungen – zu entscheiden. Spielsüchtige bleiben darin frei, sich selbst zu gefährden; ihnen wird aber die Möglichkeit geboten, sich – bindend – dahingehend festzulegen, diese Freiheit nicht auszuüben.

Das Beispiel der Organspende zeigt, dass es Verhaltensökonomen wie *Thaler* und *Sunstein* nicht allein darum geht,

Menschen dabei zu helfen, ihren „wahren" Präferenzen zu
folgen. Auch wer keine Präferenz für die Abgabe der eigenen
Organe hat, ist unter der „Widerspruchslösung" – die den
Autoren zufolge die Kriterien des liberalen Paternalismus erfüllt – dieser Konsequenz ausgesetzt. Nur durch einen ausdrücklichen Widerspruch kann diese Folge abgewendet werden. Die vielen Menschen, die keine eindeutige Haltung zur
Frage der Organspende haben und daher keine eindeutige
Präferenz äußern, werden auf diese Weise der Kategorie der
„Spender" zugeordnet. Die Vereinbarkeit mit dem Prinzip
des libertären Paternalismus wird durch eine Fiktion (oder
„Vermutung") hergestellt: „Diese Regelung geht davon aus,
dass alle Bürger bereit sind, Organe zu spenden, räumt ihnen
aber die Möglichkeit ein, problemlos Widerspruch zu äußern."[106] (Im englischen Original heißt es: „under this policy,
all citizens will be presumed to be consenting donors ...") Die
Fiktion – oder Vermutung – der Spendenbereitschaft erlaubt
es libertären Paternalisten, das zu tun, was sie am liebsten tun:
Die Welt verbessern. Dass dies ihr eigentliches Anliegen ist,
kommt an vielen Stellen des Buches von *Thaler* und *Sunstein*
zum Ausdruck: Wer der Lehre des liberalen Paternalismus
folgt, kann „das Leben der Menschen verbessern und gleich-
zeitig dazu beitragen, viele der großen Probleme der Gesellschaft zu lösen."[107] Eines der Hauptziele des Buches ist es,
„die Welt leichter und sicherer zu machen."[108] Ob es um Hy-
potheken, Kreditkarten, Energieverbrauch oder die Gesund-
heitsversorgung geht – der Verbraucher kann „in vielen Bereichen unterstützt werden ..., eine gute Entscheidung zu
treffen."[109] Der Staat sollte „die Entscheidungsfreiheit des Individuums respektieren – aber ein paar kleine Verbesserungen in der Entscheidungsarchitektur können dafür sorgen,
dass Menschen bessere Entscheidungen treffen."[110] Libertä-
rer Paternalismus ist den Autoren zufolge „weder links noch
rechts, weder demokratisch noch republikanisch". Sein we-
sentliches Anliegen ist es, Menschen durch „den einen oder
anderen sanften Schub in die richtige Richtung" zu unterstützen.[111]

Es ist eine schöne neue Welt, die *Thaler* und *Sunstein* entwerfen. Die entscheidenden Fragen bleiben freilich offen: Welche Entscheidung ist „besser"? Welches ist die „richtige Richtung"? Vor allem: Wer soll darüber entscheiden, was für das Individuum gut ist?

Essentialia einer freiheitlichen Gesellschaft

In einer freiheitlichen Gesellschaft ist es der Einzelne selbst, der entscheidet, was gut für ihn ist. *Faber est suae quisque fortunae* heißt es in einem klassischen Sprichwort: Jeder ist seines Glückes Schmied. Das bedeutet aber auch: Jeder hat für die Folgen seines Tuns selbst einzustehen. Der Mensch wird in einer freiheitlichen Gesellschaft als vernunftbegabtes Wesen angesehen – auch wenn seine Fähigkeit zur Vernunft in dem einen oder anderen Grad eine Fiktion darstellt. Eine auf freie Entscheidungen von Individuen gegründete Gesellschaftsordnung kann nur funktionieren, wenn – jedenfalls im Grundsatz – jeder an den Folgen seines Handelns festgehalten wird. In dem Grade, in dem diese Möglichkeit zur Selbstbindung beschränkt wird, wird eine Gesellschaft unfrei.[112]

Dies bedeutet nicht, dass alle Anliegen des im vorangehenden Abschnitt vorgestellten „libertären Paternalismus" freiheitswidrig wären. Der Vorschlag, sich durch Vertrag mit Gleichgesinnten oder einem darauf spezialisierten Unternehmen auf die Erreichung eines bestimmten Ziels (zum Beispiel Gewichtsabnahme) zu verpflichten, ist freiheitskonform. Zur Freiheit gehört die Möglichkeit, sich für die Zukunft festzulegen – und damit ein Stück weit auf seine Freiheit zu verzichten. Fast jeder Vertrag enthält solche Elemente der in Freiheit erfolgenden Preisgabe eigener Freiheit. Auf gleicher Linie liegt die in zahlreichen Staaten tatsächlich bestehende Möglichkeit, durch freiwillige Eintragung in ein Register sich der Freiheit zum Besuch von Spielbanken zu begeben.

Einige der von *Thaler* und *Sunstein* angeführten Beispiele geben einen Hinweis darauf, dass mancherorts bestehende Gesetzesvorschriften die Freiheiten sogar stärker einschränken, als es von ihnen vorgeschlagen wird. In vielen Staaten be-

steht für Motorradfahrer eine strikte Helmpflicht. Der Vorschlag, die Menschen durch Vor- oder Nachteile (zum Beispiel
die Pflicht zur Teilnahme an einem Sicherheitstraining) zum
Helmtragen „anzustoßen", belässt demgegenüber dem Einzelnen die Entscheidungsfreiheit. Allerdings gibt das Beispiel
der Helmpflicht auch einen Anhaltspunkt dafür, dass nicht
alle Regeln, die („libertär" oder aber „hart", d. h. nicht mit
Wahlmöglichkeiten versehen) paternalistisch erscheinen können, notwendigerweise der Fürsorge für den Adressaten ent-
springen: Die zum Beispiel in Westeuropa und in vielen US-
Bundesstaaten bestehenden gesetzlichen Helmpflichten (für
Motorradfahrer) und Gurtpflichten (für Autofahrer) lassen
sich nicht allein mit dem Motiv erklären, Menschen vor einer
Selbstgefährdung zu schützen. Vielmehr können sie auch
durch handfeste volkswirtschaftliche Vorteile erklärt werden:
Sie vermeiden die Entstehung von Kosten, die – im Fall schwerer Verletzungen – typischerweise nicht von den Betroffenen,
sondern von der Allgemeinheit (unter Einschluss von Arbeitgebern, Krankenversicherungen und des Sozialsystems) getragen werden. Bei Helm- und Gurtpflichten handelt es sich also
– um den Bogen zurück zum Abschnitt über Marktversagen
zu schlagen – um Regeln, die der Entstehung externer Effekte
(Belastung Dritter mit den Folgen eines Tuns) entgegenwir-
ken. Sie können daher, da sie Dritte vor den Folgen der Freiheitsausübung von Motorrad- und Autofahrern schützen, mit
liberalen Grundsätzen vereinbar erscheinen: Die Belastung
Dritter mit Kosten würde deren Freiheiten – jedenfalls deren
wirtschaftliche Freiheiten – einschränken. Gesetzliche Helm-
und Gurtpflichten grenzen bei dieser Betrachtungsweise die
Freiheiten verschiedener Rechtssubjekte ab. Die soeben behandelten Pflichten reihen sich in ein ganzes System von
Regelungen ein, die die Teilnahme am Straßenverkehr – zum
Beispiel durch Geschwindigkeitsbegrenzungen und Überhol-
verbote – zum Schutz Dritter (seien es andere Verkehrsteilnehmer, sei es die vor Kostenlasten zu schützende Allgemeinheit)
reglementieren. Gesetzgeber grenzen durch derartige Regeln
subjektive Freiheiten voneinander ab.

Zur Erforderlichkeit von default rules

Oft kommt ein Gesetzgeber gar nicht umhin, freiheitsbeschränkende Regeln zu erlassen. Ein Verkehrsgesetzgeber, der Chaos und immense Schäden vermeiden möchte, wird in seinem Land entweder ein Links- oder ein Rechtsfahrgebot anordnen. Ein ähnliches Argument führen *Thaler* und *Sunstein* für ihre Aussagen zum libertären Paternalismus an: Für viele Situationen müsse ohnehin eine „Standardvorgabe" gesetzt werden: Ein Arbeitgeber müsse entscheiden, ob er Beiträge zur betrieblichen Altersvorsorge bei Fehlen einer besonderen Entscheidung des Arbeitnehmers automatisch abführe – oder ob er sie nur im Fall ausdrücklicher Entscheidung des Arbeitnehmers hierfür erbringe und die entsprechenden Mittel anderenfalls auszahle. Auch im Zusammenhang der Organspende argumentieren *Thaler* und *Sunstein* mit der Unumgänglichkeit einer Entscheidung für die eine oder andere *default rule:* Der Gesetzgeber müsse ohnehin eine „Standardvorgabe" setzen. Bei Fehlen einer ausdrücklichen Erklärung des Betroffenen müsse die Organentnahme entweder zulässig (so die „Widerspruchslösung") oder unzulässig (so die „Zustimmungslösung") sein. Dann könne der Gesetzgeber die Regel auch so setzen, dass sie einen Anstoß in die Richtung einer „guten" Entscheidung (sprich für die Organspende) gebe.

Am Beispiel der Organspende kann aber gezeigt werden, dass das zuletzt wiedergegebene Argument nur begrenzt überzeugt: Auch wenn zutrifft, dass die Rechtsordnung eine Entscheidung zu Gunsten der einen oder anderen „Standardvorgabe" treffen muss, erscheinen die in Betracht kommenden *default rules* bei der Betrachtung aus einem freiheitlichen Blickwinkel keineswegs gleichwertig. Nur über den Ausgangspunkt besteht offenbar weitgehende Einigkeit: Die Disposition über den eigenen Körper gehört – auch soweit sie sich auf die Zeit nach dem Tod bezieht – zu den zentralen persönlichen Rechten. Davon scheinen auch die Vertreter der Widerspruchslösung auszugehen; anderenfalls dürfte ein Widerspruch gegen die Organentnahme für sie keine Relevanz haben.

Geht man von der Zugehörigkeit dieser Dispositionsbefugnis zu den bedeutsamen persönlichen Rechten aus, so muss eine auf libertär-parternalistische Gedanken gestützte Widerspruchslösung fragwürdig erscheinen: Dass die unterstellte Zustimmung auf einer kaum haltbaren Fiktion (oder Vermutung) eines entsprechenden Willens des Verstorbenen beruht, wurde bereits dargelegt. Damit wird nicht nur dem Willen derjenigen in gewisser Weise Gewalt angetan, die sich gar keine Gedanken gemacht und deswegen von einer Entscheidung über Zustimmung oder Widerspruch abgesehen haben. Auch die Situation von Menschen, die sich mit der Frage ihrer eigenen Bereitschaft zur Organspende beschäftigen und keine eindeutige Haltung hierzu entwickeln können, ist empfindlich betroffen. Ihnen wird – so lange sie sich nicht zum Widerspruch entschließen und diesen Entschluss durch Abgabe einer entsprechenden Erklärung manifestieren – ein „Schubs" in eine bestimmte Richtung versetzt: Sie finden sich in der Gruppe derer wieder, deren Organe nach dem Ableben anderen bzw. der Allgemeinheit zur Verfügung stehen.

Dem zuletzt Gesagten könnte freilich mit einem Abwägungsargument begegnet werden: In Anlehnung an das bereits zur Abgrenzung von Freiheitssphären Ausgeführte könnte argumentiert werden, dass durch die auch ohne Zustimmung des Verstorbenen erfolgende Organentnahme die Freiheit anderer – der Organempfänger – entscheidend gefördert werden könne. Sie könnten im Idealfall der gelingenden, nachhaltig erfolgreichen Transplantation einen Zugewinn an Lebensaussicht und damit an Freiheit erfahren, der den *post mortem* eintretenden Verlust auf Seiten des „Spenders" im Einzelfall möglicherweise weit überwiege.

Die (Über-) Lebensaussichten des Organempfängers sind auch vom hier eingenommenen Standpunkt aus ein nicht gering zu gewichtendes Argument. Freilich ist es ein Argument, das bei Einnahme einer freiheitlichen Perspektive jeder einzelne potentielle Spender in seine freie Entscheidung über die Zustimmung zu einer *post mortem* erfolgenden Organentnahme aufnehmen kann. Nicht die Gesellschaft entscheidet unter Nützlichkeitsgesichtspunkten, ob *im Zweifel* – d. h. bei Fehlen einer besonderen Anordnung des Verstorbenen – ein Organ entnommen werden darf. Vielmehr setzt die einem anderen nützende Entnahme voraus, dass der Verstorbenen in diesem Sinne entschieden hat.

Die liberale Alternative: Orientierung an individuellen Freiheitsrechten

Auch wenn – wie *Thaler* und *Sunstein* ausführen – die Rechtsordnung eine Entscheidung treffen muss, kann diese freiheitsfördernd oder freiheitswidrig ausfallen. Die Autoren führen selbst aus, dass Menschen nicht notwendigerweise durch eine Standardvorgabe in die eine oder andere Richtung „geschubst" werden müssen (was sie einem moralischen Druck aussetzen könnte, in bestimmter Weise – beispielsweise pro Organspende – zu entscheiden). Es ist nämlich – neben der Widerspruchs- und der Zustimmungslösung – auch eine neutrale Ausgestaltung möglich. *Thaler* und *Sunstein* weisen selbst darauf hin, dass anstelle einer *default rule,* die bei Fehlen einer besonderen Entscheidung die Organentnahme erlaubt oder verbietet, die Rechtsordnung auf die Schaffung klarer Verhältnisse hinwirken könnte: Sie könnte – beispielsweise im Zusammenhang der Ausstellung von Führerscheinen – eine eindeutige Entscheidung für oder gegen eine Bereitschaft zur Organspende fordern. Eine solche „Pflichtentscheidung" bewirkt gewiss einen geringeren „Schubs" als die Widerspruchslösung. Aus freiheitlichem Blickwinkel ist aber hinzuzufügen, dass eine noch liberalere Lösung möglich ist – nämlich eine solche, die keinen Zwang zur Entscheidung vorsieht. Das Anliegen, jedem Menschen die Möglichkeit zu einer freien und bewussten Entscheidung für oder gegen die eigene Spende zu eröffnen, kann durch Aufklärung und die Einräumung von Gelegenheiten zur Erklärung über die eigene Bereitschaft zur Organspende erreicht werden. Eine solche Lösung ist seit November 2012 in Deutschland Gesetz: Jeder Bürger über sechzehn Jahre wird hiernach von seiner Krankenversicherung eingehend über die Möglichkeiten zur Organ- und Gewebespende aufgeklärt und zu einer Entscheidung aufgefordert.[113]

Das deutsche Organspendegesetz von 2012 gibt einen Hinweis darauf, in welcher Weise grundlegende gesellschaftspolitische Fragestellungen behandelt werden können: Eine liberale Gesellschaft greift nicht durch Zwang in höchstpersönliche Rechtspositionen ein. Sie „schubst" die Menschen auch nicht durch die gezielte Ausgestaltung sogenannter Standardvorgaben in die eine oder andere Richtung – wie es Paternalisten vorschlagen, die sich selbst als „libertär" bezeichnen. Grundlage des gesellschaftlichen Zusammenlebens sind individuelle Handlungen freier Bürger. Allerdings sind Menschen nicht immer in der Lage, ihre Freiheit auszuüben. In einem freiheitlichen Gemeinwesen kann das Recht dazu beitragen, die Entscheidungsgrundlagen der Menschen zu verbessern: Es kann durch Aufklärungs- und Transparenzgebote die Basis dafür schaffen oder verbessern, dass Menschen informierte Entscheidungen treffen – ob als Organspender, als Mieter, als Kreditnehmer, als Anleger oder als Autokäufer. Und das Recht kann durch die Einräumung von Anfechtungsrechten die Grundlage dafür schaffen, dass Menschen sich von ihren Festlegungen lossagen können, wenn sich herausstellt, dass die Voraussetzungen einer freien Entscheidungsfindung nicht gegeben waren – zum Beispiel weil sie bei der Entscheidung getäuscht oder unter Druck gesetzt worden waren. Auf diese und andere Funktionen der Rechtsordnung ist im Zusammenhang der Rolle des Rechts (Kapitel 8) zurückzukommen.

Folgerung: Weniger Politik!

Am Ende dieses Kapitels können wichtige Staatsaufgaben identifiziert werden. Dabei ist zunächst an die zu Beginn des Abschnitts gemachten Ausführungen zum Konzept des Marktversagens anzuknüpfen. Auch wenn die dort beschriebenen Kategorien eines Marktversagens und namentlich der Begriff des öffentlichen Gutes nicht einfach abzugrenzen sind, besteht über die Zugehörigkeit der folgenden Aufgaben zu den Zuständigkeiten des Staates weitgehende Einigkeit.

Der Schutz der Bürger vor Bedrohungen ihrer Sicherheit gehört zu den zentralen Zuständigkeiten des mit einem Gewaltmonopol ausgestatteten Gemeinwesens. Staatsaufgabe ist deshalb die Gewährleistung der inneren und äußeren Sicherheit durch Einrichtungen des Polizeiwesens und der Landesverteidigung.

Auch die Erbringung weiterer für das Gemeinwesen elementar bedeutsamer Leistungen, die durch private Initiative nicht zustande kommen, erscheint als originäre Aufgabe des Staates. Hier ist zunächst die Sorge für Bildung und Ausbildung der Bürger zu nennen, die ein sich selbst überlassener Markt nicht hervorbrächte. Investitionen des Gemeinwesens in Bildung und Ausbildung sind für ein friedvolles Zusammenleben der Menschen von zentraler Bedeutung; sie gelten auch in wirtschaftlicher Hinsicht als gut angelegtes Geld, da ein hohes Bildungs- und Ausbildungsniveau im Allgemeinen auch volkswirtschaftlich Früchte trägt.

Wichtige Aufgaben hat das Gemeinwesen auch bei der Schaffung und Unterhaltung von für das gesellschaftliche und wirtschaftliche Leben bedeutsamen Infrastrukturen, die allein durch private Initiative nicht hervorgebracht würden. Der Bau und die Unterhaltung öffentlicher Verkehrswege sind hierfür ein Beispiel, die umsichtige Steuerung des Luftverkehrs durch Einrichtungen der Flugsicherung ein anderes.

Der Staat ist auch dazu berufen, den Erhalt der natürlichen Lebensgrundlagen zu schützen. Durch geeignete Rechtsvorschriften hat er beispielsweise dafür Sorge zu tragen, dass Unternehmen die ökologischen Kosten ihres Handelns nicht durch Ableitung von Schadstoffen in öffentliche Gewässer auf die Allgemeinheit verlagern.

Eine weitere Staatsaufgabe besteht darin, die Voraussetzungen für eine Teilnahme der Menschen am Austausch wirtschaftlicher Güter und Leistungen zu schaffen. Auf die in diesem Zusammenhang zentrale Bedeutung des Rechtssystems ist im folgenden Kapitel näher einzugehen. An dieser Stelle soll der Hinweis genügen, dass zur Abwendung eines Marktversagens auch die Verhinderung der Entstehung oder

des Missbrauchs von Marktmacht durch einzelne Unternehmen gehört. Wettbewerbsbehörden tragen deshalb dafür
Sorge, dass Unternehmen sich nicht durch Kartellbildung
oder andere missbräuchliche Verhaltensweisen den Gesetz-
mäßigkeiten des Marktes entziehen.

Auch die Sorge für die Stabilität des im Wesentlichen von
privaten Unternehmen getragenen Finanzsystems kann als
Staatsaufgabe bezeichnet werden. Wegen seiner Bedeutung
für den Zahlungsverkehr kommt diesem System eine ähnlich
wichtige Infrastrukturfunktion zu wie Verkehrs- und Kom-
munikationssystemen. Die Betrachtung der Entstehungs-
gründe der Finanzkrise hat deutlich werden lassen, dass die
Finanzmarktstabilität sowohl durch rationales wie durch
irrationales Verhalten von Menschen gefährdet werden kann.
Gefahren, die von einem rationalen Verhalten von Akteuren –
beispielsweise Bankangestellten – ausgehen, kann durch
Rechtsvorschriften begegnet werden, mit denen Anreize so
gesetzt werden, dass die Interessen der Handelnden mit dem
an einer Aufrechterhaltung der Systemstabilität bestehenden
Allgemeininteresse gleich laufen. Konkret kann beispielsweise vorgeschrieben werden, dass Gewinnbeteiligungen an
Manager erst ausgezahlt werden, wenn das Unternehmen
über einen längeren Zeitraum fortbesteht. Zudem kann durch
Ausgestaltung der Schadensersatzhaftung von Managern dafür Sorge getragen werden, dass diese einen Anreiz haben,
die Eingehung übergroßer Risiken für ihren Arbeitgeber zu
vermeiden.

Schwieriger gestaltet sich der Umgang der Rechtsordnung
mit *irrationalem Verhalten* von Menschen.[114] Ein durch zeit-
weisen Überoptimismus veranlasstes und zu einer Spekulationsblase führendes Investitionsverhalten von Anlegern lässt
sich durch eine auf Anreize setzende Gesetzgebung nicht
steuern. Die Politik ist aus entsprechenden Gründen bis
heute kaum in der Lage, einem systemgefährdenden *Bank
Run* von Einlegern entgegenzuwirken: Wäre das Vertrauen
von Einlegern, ihre Bankguthaben jederzeit ausgezahlt bekommen zu können, einmal erschüttert, so könnte ein An-

sturm besorgter Bankkunden auf die Schalter die Folge sein.
Auch in einem Fall, in dem alle Einleger wissen, dass eine
übereinstimmende zeitweise Zurückstellung eines Auszah-
lungsverlangen in ihrem gemeinsamen Interesse läge, könnte
ein *Bank Run* unabwendbar sein.[115] Der Bundeskanzlerin
und ihrem damaligen Finanzminister ist es im Oktober 2008
gelungen, durch ein rechtlich unverbindliches, aber psycho-
logisch wirksames staatliches Sicherungsversprechen einen
Ansturm auf die Bankkassen zu verhindern.

Das Stichwort der Irrationalität gibt Anlass zu einer Beant-
wortung der Frage, was *nicht* zu den Aufgaben des Staates zu
zählen ist. Vom hier eingenommenen Blickwinkel aus erscheint es nicht als Staatsaufgabe, Menschen vor den Folgen
ihrer eigenen Irrationalität zu bewahren. Den Versuchen
mancher Verhaltensökonomen, Menschen durch Korrektur
einer eigenverantwortlich getroffenen Entscheidung zu „helfen", ist eine Absage zu erteilen. Es erscheint nicht als Staatsaufgabe, Menschen einen „Schubs" in die eine oder andere
politisch erwünschte Richtung zu geben. Daher ist – wie bereits begründet – dem Vorschlag zu widersprechen, Menschen durch Unterstellung einer Neigung zur Organspende
einen gesetzlichen Schubs in eben diese Richtung zu geben.

Dieses Buch tritt dafür ein, eigenverantwortlich getroffene
Entscheidungen zu respektieren. Dies gilt auch für irrational
anmutende Entscheidungen. Wer in freier Selbstbestimmung
eine Entscheidung trifft, welche anderen unklug erscheint, ist
nicht vor den Folgen des eigenen Tuns zu schützen. *Pacta
sunt servanda:* Verträge sind in einem Gemeinwesen, das Individuen respektiert, einzuhalten (hierzu Kapitel 6).

Widerrufsrechte, die Verbrauchern ohne besonderen
Grund eine Lösung von Verträgen erlauben, sind mit dem
hier vertretenen Ansatz nicht zu vereinbaren. Richterliche
Wohltaten wie die, Arbeitnehmern auch ohne entsprechende
Vereinbarung mit dem Arbeitgeber wegen Bestehens einer
„betrieblichen Übung" Weihnachtsgeld zuzusprechen, müssen unterbleiben. Das europäische Recht darf nicht durch
willkürlich anmutende Verbotsvorschriften wie Glühbirnen-

Vertriebsverbote und „Diskriminierungsverbote" in einem
Gebiet, das von Finnland bis Malta und von Irland bis Rumänien reicht, die Vertragsfreiheit empfindlich beschneiden
(hierzu Kapitel 6).

Im Bereich des Sozialen plädiert dieses Buch für eine diffe-
renzierte Betrachtung: Die Sicherung der Menschen vor existenzieller Not sollte als eine zentrale Staatsaufgabe begriffen
werden. Die Gewährleistung eines menschwürdigen Existenzminimums durch die Einrichtung einer sozialen Grundsicherung erscheint als ein Gebot der Humanität; sie ist bereits an früherer Stelle als eine Kulturleistung ersten Ranges
bezeichnet worden (Kapitel 6). Dagegen ist allen Versuchen
eine Absage zu erteilen, durch verstärkte *Umverteilung* in
der Gesellschaft zu größerer „Gerechtigkeit" zu gelangen.
Gerechtigkeit ist notwendigerweise ein subjektiver Maßstab:
Eine Verteilung kann als gerecht oder ungerecht *empfunden*
werden. Objektive Kriterien für die Verteilung von Eigentum
oder Vermögen lassen sich, wie an anderer Stelle überdeutlich
geworden ist, hieraus nicht gewinnen (Kapitel 4).

Eine Umverteilung aus Gerechtigkeitsgründen ist hiernach
keine legitime Staatsaufgabe. Dies bedeutet nicht, dass der
Staat beispielsweise bei der Festlegung von Steuersätzen nicht
differenzieren dürfte: *Soweit* zur Finanzierung von Staatsaufgaben die Erhebung von Steuern erforderlich ist, erscheint es
zulässig, dass das Gemeinwesen wirtschaftlich Leistungsfähi-
gere stärker heranzieht als weniger Leistungsfähige. Dabei
steht dem Steuergesetzgeber bei der Festlegung von Steuersätzen ein weites Ermessen zu.

Aus alledem folgt: Der Katalog der originären Staatsaufgaben ist kurz. Die Politik sollte nicht beständig neue Aufgaben
für das Gemeinwesen erfinden. Dies gilt nicht nur im Bereich
der – bereits behandelten – Eingriffe in Freiheiten, sondern
auch für die Sozialpolitik: Wer beständig neue Wohltaten ein-
führt, legt Hand an die Lebensfähigkeit des Gemeinwesens.
Ein Staat, der – wie Deutschland unter Einschluss seiner Bundesländer und Kommunen – in Höhe von über 80 Prozent
seines Bruttoinlandsproduktes verschuldet ist, ist unter dem

Gesichtspunkt der Schuldentragfähigkeit an einer Belastungs-grenze angelangt. Ein höherer Verschuldungsgrad macht die Refinanzierung teurer, weil Geldgeber sich – auch beim Er-werb von Staatsanleihen – ein erhöhtes Ausfallrisiko durch höhere Zinssätze vergelten lassen. Dabei geben die offiziellen Zahlen den wahren Belastungsgrad Deutschlands bei weitem nicht zutreffend wieder. Sie blenden aus, dass auf die öffent-liche Hand – Bund, Länder und Kommunen – immense Belas-tungen durch hohe Pensionsansprüche starker Beamtenjahr-gänge zukommen, die derzeit noch im aktiven Dienst stehen.

Wer den Ernst der finanzpolitischen Lage erkennt, dem ist deutlich, dass die Rolle des Staates im 21. Jahrhundert neu be-stimmt werden muss. Dies gilt in Deutschland wie in vielen anderen Ländern mit einer ähnlichen demographischen Struktur. Soziale Wohltaten können nicht mehr ungeprüft fortgeführt werden. Es kann nicht sein, dass vor jeder Bun-destagswahl zusätzliche Leistungen aus öffentlichen Kassen eingeführt werden. Die außergewöhnliche Erhöhung der Renten im Wahljahr 2009 (im Westen um 2,41 Prozent, im Osten um 3,3 Prozent) war eine finanzpolitische Sünde, die allen Anstrengungen um eine Konsolidierung der Rentenfi-nanzen und um eine gleichmäßigere Lastenverteilung unter den Generationen zuwiderlief. Im Wahljahr 2013 ist die Ein-führung eines milliardenteuren Betreuungsgeldes eine ent-sprechende Untat. Es besteht weitgehende Einigkeit darüber, dass das Betreuungsgeld keine Steuerungsfunktion haben soll: Ein Allgemeininteresse daran, dass Eltern ihre Kinder *nicht* in Kindertagesstätten anmelden, ist nicht zu erkennen. Das Betreuungsgeld scheint die *politische Funktion* zu haben, im Wahljahr den Unmut von Eltern darüber zu dämpfen, dass ein anderes teures Versprechen nicht eingelöst werden kann: die mit dem sogenannten Kinderförderungsgesetz von 2008 gegebene Garantie, dass von 2013 an für jedes Kind unter drei Jahren ein Rechtsanspruch auf einen Kindertages-stätten-Platz bestehen soll.[116]

Soll das Gemeinwesen zu einer verlässlichen Erfüllung sei-ner in diesem Kapitel beschriebenen Aufgaben etwa in den

Bereichen der öffentlichen Sicherheit, der Bildung und der sozialen Grundsicherung imstande sein, so darf es nicht an vielen anderen Fronten permanent überfordert werden. Verantwortungsvolle Politiker sind aufgerufen, sich zu „weniger Politik" zu bekennen – im Sinne eines Weniger an vorgeblich weltverbessernder Gestaltung, die tatsächlich in Freiheitsrechte eingreift, und eines Weniger an Wahlgeschenken und -versprechen, die eine finanzpolitische Gesundung des Gemeinwesens in weite Ferne rücken lassen. Um es deutlich zu sagen: Ein „ausgeglichener Haushalt", wie ihn die Bundesregierung für das Jahr 2014 anstrebt, bedeutet nichts weiter, als dass der Schuldenstand nicht noch weiter ansteigt. Ein ausgeglichener Haushalt – im Sinne eines ausgeglichenen Verhältnisses von Einnahmen und Ausgaben – bedeutet nicht, dass die Verschuldung auch nur um einen Euro zurückgeführt werden kann. Die schwindelerregende Gesamtverschuldung der öffentlichen Haushalte Deutschlands in Höhe von derzeit über 2 Billionen Euro (dies sind 2 000 Milliarden Euro oder, anders ausgedrückt, 2 Millionen Millionen Euro) wird schmerzhaft spürbar werden, wenn die Zeit historisch niedriger Zinsen vorüber ist und die öffentliche Hand ihre Schuldenlast zu nennenswerten Zinssätzen finanzieren muss.

8. Das Recht: Eine Infrastruktur für die Ausübung von Freiheiten

Enabling rules als Grundlage der Freiheitsausübung

Im Anschluss an Aussagen der letzten beiden Kapitel kann formuliert werden, welche Rolle dem Recht in einem freiheitlichen Gemeinwesen zukommt: Das Recht ist eine Infrastruktur, die Menschen die Ausübung von Freiheiten ermöglicht.[117] Notwendige Voraussetzung eines friedlichen und produktiven Miteinanders der Menschen ist das Bestehen einer rechtlichen Ordnung, die Verfügungsrechte zuweist, Möglichkeiten zur Verpflichtung eröffnet und schließlich die Durchsetzung von Ansprüchen garantiert.

Die zentrale Bedeutung des Rechtssystems für das Funktionieren einer arbeitsteiligen Wirtschaft und Gesellschaft ist oft beschrieben worden. Ein Bauer wird nur in Saatgut investieren, wenn er davor geschützt wird, dass andere die Früchte seiner Arbeit ernten. Eigentumsschutz ist also ein essenzieller Bestandteil eines produktiven Gemeinwesens. Ein Arbeitnehmer wird zur Erbringung von Diensten und ein Verkäufer zur Lieferung eines Gutes nur bereit sein, wenn sie mit dem Erhalt der vom jeweiligen Vertragspartner versprochenen Gegenleistung rechnen können; die Möglichkeit zum Abschluss *bindender* Verträge ist in einer arbeitsteiligen Wirtschaft von nicht zu überschätzender Wichtigkeit. Schließlich muss, wer Recht hat, auch Recht bekommen können. Hierfür ist ein effektiv arbeitendes, von Korruption freies Justizsystem unabdingbar.

Die Bedeutung eines funktionierenden Rechtswesens für den in einer Gesellschaft bestehenden Wohlstand ist in vielen Hinsichten untersucht worden. Der Ökonomie-Nobelpreisträger *Douglass North* erklärt die in der Dritten Welt vorherr-

schende Armut zu Teilen mit einer dort bestehenden Un-
fähigkeit zur Sicherstellung einer wirksamen Durchsetzung
von Verträgen.[118] Empirische Untersuchungen legen dar,
dass in den Transformationsstaaten Osteuropas nach Einführung moderner Sicherungsrechte und Insolvenzgesetze die
wohlstandssteigernde Vergabe von Unternehmenskrediten
deutlich zugenommen hat.[119]

Viele Rechtsvorschriften unterstützen die Menschen bei
der Ausübung von Freiheiten. Den Charakter solcher Bestimmungen vermag die englische Sprache in der ihr eigenen
Prägnanz besonders gut zum Ausdruck zu bringen: Rechtsvorschriften der hier interessierenden Art sollen im Folgenden als *enabling rules* bezeichnet werden. Auf Deutsch
könnte – etwas weniger bündig und elegant – von ermöglichenden oder ermächtigenden Bestimmungen gesprochen
werden.

Zu den *enabling rules* sind große Teile des Vertragsrechts
zu rechnen: Zentrale Bedeutung kommt der Möglichkeit zu,
nach eigener Entscheidung Verträge zu schließen. Das Ver-
tragsrecht erlaubt nicht nur den Abschluss bekannter und
verbreiteter Vertragsarten wie Kauf-, Miet- oder Werkver-
träge. Auch Verträge „eigener Art" (Juristen sprechen von
Verträgen *sui generis*) dürfen geschlossen werden. So ermöglicht das Bürgerliche Recht den bindenden Abschluss von
Factoring-, Franchise- oder Lizenzvereinbarungen, welche
im Gesetz keine ausdrückliche Ausformung erfahren haben.
Vielfach kommt dem Recht die Aufgabe zu, Freiheiten von
Bürgern gegeneinander abzugrenzen.

Zum System der *enabling rules* können auch Vorschriften
gezählt werden, die die Entscheidungsfreiheit schützen, ohne
dass ihnen ein „ermächtigender" Charakter unmittelbar anzusehen wäre. Wer in seiner Entscheidung nicht wirklich frei
war, weil er beim Vertragsschluss beispielsweise über wesent-
liche Eigenschaften einer gekauften Sache im Irrtum war, hat
das Recht, sich durch *Anfechtung* seiner Erklärung vom Vertrag zu lösen. Die Rechtsordnung schützt zudem Personen
vor einer vertraglichen Bindung, die vermutetermaßen nach

ihrer geistigen Reife nicht imstande erscheinen, die Folgen ihres Tuns vollständig zu ermessen. In pauschalierender Weise regeln und begrenzen Vorschriften des Bürgerlichen Rechts daher die Fähigkeit von Kindern und Jugendlichen zum Abschluss von Rechtsgeschäften.

Schließlich kann sogar – was zunächst paradox anmuten mag – das Verbot bestimmter Verträge unter dem Gesichtspunkt des Freiheitsschutzes gerechtfertigt erscheinen: Wer drogenabhängig ist, ist in seiner Entscheidung (jedenfalls im Hinblick auf den Drogenerwerb) nicht mehr frei; das Verbot des Handels mit bestimmten Rauschmitteln wie Kokain und Heroin dient, indem es der Entstehung von Abhängigkeiten entgegenwirkt, mittelbar dem Freiheitsschutz. In ähnlicher Weise kann das Verbot des Waffenhandels und -besitzes erklärt werden: Da Waffen zu freiheitswidrigen (und – darüber hinaus – gesundheits- und lebensgefährdenden) Übergriffen gebraucht werden können, wirkt ein solches Verbot freiheitsschützend.

Zur Freiheit gehört – untrennbar – die Verantwortung. Wer ein Versprechen nicht halten kann, muss für die Folgen einstehen: Wer beispielsweise als Verkäufer bindend die Lieferung einer Maschine zu einem bestimmten Termin zusagt und tatsächlich erst erheblich später liefert, schuldet seinem Vertragspartner Ersatz des aus dieser Verzögerung resultierenden (Betriebsausfall-) Schadens. Auch außerhalb bestehender Vertragsbeziehungen kann Verantwortung zur Schadensersatz-Haftung führen: Wer absichtlich oder versehentlich eine Sache – etwa ein Kleidungs- oder Möbelstück – eines anderen beschädigt, ist diesem zum Ersatz der Instandsetzungskosten verpflichtet. Die Rechtsordnung enthält ein fein ausdifferenziertes System der Haftung für Rechtsverletzungen, das zumeist an den Gesichtspunkt der persönlichen Verantwortlichkeit des Verletzers anknüpft.

Freiheitsbeschränkung durch restrictive rules

Bis zu dieser Stelle wurde – in äußerst groben Zügen – ein auf Freiheiten gründendes, zu deren Ausübung befähigendes und

schließlich an Verantwortlichkeiten anknüpfendes Rechtssystem skizziert. Die real existierende Rechtsordnung enthält
allerdings zahlreiche Bestimmungen, die nicht für sich in Anspruch nehmen können, in der dargestellten Weise die Freiheit der Betroffenen zu fördern und Verantwortlichkeiten
entsprechend zuzuweisen. Die nun ins Auge zu fassenden
Normen können daher nicht als Teile einer die Ausübung
von Freiheiten ermöglichenden Infrastruktur begriffen werden. Von einem freiheitsorientierten Blickwinkel aus erscheinen sie als Fremdkörper im Rechtssystem und sind zur Strei-
chung zu empfehlen.

Eingriffe in die Preisbildung I: Mindestlöhne

Als ein erstes Beispiel freiheitswidriger Regelungen können
solche Normen betrachtet werden, mit deren Erlass ein Ge-
setz- oder Verordnungsgeber in den marktwirtschaftlichen
Preismechanismus eingreift. Hierzu sind namentlich Vorschriften über einen Mindestlohn zu rechnen. In Deutschland werden Mindestlöhne derzeit auf zwei Wegen festgesetzt:

Das Bundesministerium für Arbeit und Soziales kann
einen Tarifvertrag auf Antrag *einer* Tarifvertragspartei
(Gewerkschaft oder Arbeitgeberverband) für allgemeinver-
bindlich erklären, wenn die tarifgebundenen Arbeitgeber
mindestens die Hälfte der unter den Geltungsbereich des
Tarifvertrages fallenden Arbeitnehmer beschäftigen und die
Allgemeinverbindlicherklärung „im öffentlichen Interesse
geboten erscheint". Weitere Voraussetzung dieses Verfahrens
ist, dass ein aus je drei Vertretern der Spitzenorganisationen
der Arbeitgeber und der Arbeitnehmer bestehender Ausschuss sein Einvernehmen erklärt hat (zum Verfahren § 5
Abs. 1 des Tarifvertragsgesetzes[120]).

Auch wenn diese Voraussetzungen nicht gegeben sind –
d. h. insbesondere in dem Fall, dass die den Tarifvertrag ab-
schließenden Arbeitgeber *weniger* als die Hälfte der in Betracht kommenden Arbeitnehmer beschäftigen – kann eine
Allgemeinverbindlicherklärung des Tariflohnes herbeige-

führt werden. In diesem Fall ist allerdings ein *gemeinsamer Antrag* der Parteien des Tarifvertrages beim Bundesministerium für Arbeit und Soziales erforderlich (§ 7 des Arbeitnehmer-Entsendegesetzes[121]). Auf diese Weise können Arbeitgeberverband und Gewerkschaft die zwingende Erstreckung eines zwischen ihnen geschlossenen Tarifvertrages auf dritte, nicht an den Verhandlungen beteiligte Parteien sogar dann erreichen, wenn sie selbst nur eine Minderheit der betroffenen Arbeitnehmer repräsentieren.

Auf Grundlage der beschriebenen Regelungen sind in Deutschland *unter anderem* die folgenden Mindestlöhne je Arbeitsstunde in Kraft (Stand 1. Januar 2013):[122]

- Abfallwirtschaft: 8,33 Euro
- Aus- und Weiterbildungsleistungen:
  West mit Berlin: 12,60 Euro
  Ost: 11,25 Euro
- Baugewerbe:
  West: 13,70 Euro
  Berlin: 13,55 Euro
  Ost: 10,25 Euro
- Dachdeckerhandwerk: 11,20 Euro
- Elektrohandwerk:
  West: 9,90 Euro
  Ost mit Berlin: 8,85 Euro
- Gebäudereinigung:
  West mit Berlin: 11,33 Euro
  Ost: 9,00 Euro
- Pflegebranche:
  West mit Berlin: 9,00 Euro
  Ost: 8,00 Euro
- Wäschereidienstleistungen:
  West: 8,00 Euro
  Ost mit Berlin: 7,00 Euro

Die Wirkungen von Lohnregelungen der hier beschriebenen Art auf das Beschäftigungsniveau sind umstritten. Viele Ökonomen gehen davon aus, dass Mindestlöhne die Arbeitslosigkeit steigern, da sie die Beschäftigung von Arbeitnehmern im Niedriglohnbereich zum Teil unmöglich machen. Andere Wirtschaftswissenschaftler bestreiten eine solche Wirkung mit der Begründung, Arbeitgeber hätten Marktmacht und würden diese bei Fehlen von Lohnuntergrenzen zur Durchsetzung von Löhnen nutzen, die unter einem ausgeglichenen Wettbewerbsniveau lägen. Auch bei Anhebung der Löhne könnten Arbeitgeber daher profitabel wirtschaften.

Die Auseinandersetzung um die generelle Wirkung von Mindestlöhnen auf den Beschäftigungsgrad soll an dieser Stelle nicht vertieft werden. Unabhängig von einer Entscheidung dieses Streits dürfte eines außer Frage stehen: In *Einzelfällen* wirken Mindestlohnregelungen beschäftigungsverhindernd. Die Festsetzung eines Mindestlohns durch das zuständige Ministerium hat für die betroffene Branche die Wirkung eines Verbots. Arbeitgebern und Arbeitnehmern, die sich keinem Verband bzw. keiner Gewerkschaft angeschlossen haben, wird gleichwohl der Abschluss eines Arbeitsvertrages zu *individuell* zwischen ihnen ausgehandelten Bedingungen untersagt. Ein Ministerium maßt sich – gemeinsam mit einem mit Verbandsfunktionären besetzten Ausschuss – an, besser als die Betroffenen beurteilen zu können, welcher Lohn für die Leistung des Arbeitnehmers angemessen ist.

Ein Arbeitgeber, für den es nicht lohnend erscheint, einen bestimmten Arbeitnehmer zu dem im Verhältnis von *anderen* Arbeitgebern zu *anderen* Arbeitnehmern ausgehandelten *Tariflohn* zu beschäftigen, wird von einer Einstellung des Bewerbers absehen. Den Arbeitswilligen stößt die Mindestlohnregelung möglicherweise in die Arbeitslosigkeit.

Die Rechtfertigung des Staatseingriffs liegt im Dunkeln. Wer sozialpolitisch argumentiert, wird Mühe haben, die erheblichen Unterschiede zwischen verschiedenen Branchen-Mindestlöhnen zu erklären: Warum benötigt, wer im Baugewerbe oder im Bereich der Aus- und Weiterbildung beschäftigt ist, einen um rund ein Drittel höheren Mindestlohn als Zeitgenossen, die in der Pflegebranche oder in Wäschereien arbeiten?

Auch das häufig vorgebrachte Argument, man müsse vom Lohn seiner Arbeit leben können, führt in die Irre: Das zum Leben Erforderliche wird durch die Grundsicherung gewährleistet. Wessen Einkommen hinter deren Sätzen zurückbleibt, hat Anspruch auf ergänzende Leistungen nach dem Sozialgesetzbuch II.

Im gleichen Zusammenhang ist ein drittes Argument zurückzuweisen, das für Mindestlöhne angeführt wird: Der ergänzende Bezug von Sozialleistungen sei, so lautet der Gedanke, niemandem zuzumuten, der einer geregelten Arbeit nachgehe. Wer so argumentiert, fördert verkehrtes Denken. Er *bestätigt* damit diejenigen, die Bezieher von Leistungen der Grundsicherung stigmatisieren. Die umgekehrte Argumentation ergibt mehr Sinn: Die Schaffung der Grundsicherung ist, wie an anderer Stelle begründet wurde, als zivilisatorische Leistung ersten Ranges anzusehen (hierzu Kapitel 6). In vielen Ländern – auch in zahlreichen Mitgliedstaaten der Europäischen Union – besteht keine vergleichbare Sicherung der Menschen. Wer die gesetzlichen Voraussetzungen erfüllt, hat A*nspruch* auf Grundsicherung. Er darf daher nicht durch die verquere Argumentation, ein – und sei es ergänzender – Bezug von Sozialleistungen sei „unzumutbar", ausgegrenzt werden.

Eingriffe in die Preisbildung II:
Einspeisevergütungen für EEG-Strom

Eine Hybris der Politik kommt nicht nur bei der staatlichen Festlegung von Mindestlöhnen, sondern auch in anderen Versuchen einer hoheitlichen Fixierung von Preisen zum Ausdruck. Ein eindrucksvolles Beispiel für eine eklatante Fehlsteuerung dieser Art bildet die Förderung erneuerbarer Energien durch staatlich festgelegte Einspeisevergütungen.[123] Um Missverständnissen vorzubeugen: Die Berechtigung des Gesetzgebers, zur Vermeidung negativer externer Effekte – namentlich zur Eindämmung des Klimawandels und zur Vermeidung von Strahlenrisiken – einen Ausstieg aus herkömmlichen Energieerzeugungsarten und einen Übergang auf erneuerbare Energien zu betreiben, steht für den Verfasser außer Frage. Für die Verfolgung des Ziels, einen immer größeren Teil des Elektrizitätsbedarfs durch erneuerbare Energien zu decken, stehen verschiedene Wege offen. Ein verhältnismäßig einfaches Verfahren zur Zielerreichung bestünde darin, Energieversorgern bestimmte Quoten für den Anteil der erneuerbaren Energien an der von ihnen abgesetzten Gesamtenergiemenge vorzuschreiben. Das von der Bundesregierung angestrebte Ziel, den Anteil erneuerbarer Energien an der Stromversorgung bis 2020 auf 35 Prozent zu erhöhen, könnte durch eine entsprechende gesetzliche Vorgabe erreicht werden. Energieversorger, beispielsweise Stadtwerke, müssten dann durch entsprechend differenzierten Erwerb der benötigten Strommengen – möglicherweise bei verschiedenen Erzeugern – für die Erfüllung dieser Quote Sorge tragen. Dieses sogenannte Quotenmodell hätte den Vorzug, die Kräfte des Marktes zu nutzen: Verschiedene Erzeuger von aus erneuerbaren Energien gewonnenem Strom würden miteinander in Konkurrenz treten. Auf diese Weise würden sie Wettbewerbsdruck aufeinander ausüben, was einen Anreiz zur Effizienzsteigerung schaffen würde. Verbraucher könnten – bei Erreichung des Ziels der Ökostrom-Quote – von einer solchen Effizienzsteigerung durch sinkende Preise profitieren.[124]

Das derzeit geltende System der Förderung erneuerbarer Energien wirkt ganz anders. Es garantiert Erzeugern einen im Voraus staatlich festgesetzten, unter Einrechnung bestimmter Degressionssätze zu ermittelnden Preis für die Dauer von 20 Jahren. Eine derartige staatliche Gewähr für die Sicherheit eines bestimmten Preises ist ansonsten aus Planwirtschaften bekannt.

Selbstverständlich gilt auch beim Erneuerbare-Energien-Gesetz (EEG), was der amerikanische Volksmund wie folgt beschreibt: „There ain't no such thing as a free lunch." Die ökonomische Theorie drückt es vornehmer aus: Wo immer Güter hergestellt oder Dienstleistungen erbracht werden, muss jemand dafür bezahlen. Im Fall des Erneuerbare-Energien-Gesetzes ist es die große Mehrheit der Verbraucher, die die Last der teuren Erzeugung trägt.

Dabei erscheint das Vergütungssystem als eine grandiose Fehlkonstruktion: Die Stromkunden werden mit der sogenannte EEG-Umlage belastet, die sich – vereinfachend ausgedrückt – aus der Differenz zwischen dem Marktpreis und der bereits genannten garantierten Einspeisevergütung errechnet. Da bei Windkraft- oder Photovoltaikanlagen, wenn sie einmal stehen, die Kosten der Erzeugung einer Kilowattstunde Strom gering sind, sinkt mit der zunehmenden Verbreitung erneuerbarer Energien der Marktpreis für Strom. Da aber die Einspeisevergütung für 20 Jahre garantiert ist, wird die von den Verbrauchern zu tragende Differenz mit sinkenden Erzeugungskosten immer größer. Die EEG-Umlage steigt deshalb, je erfolgreicher die erneuerbaren Energien werden, immer weiter an. Betrug die Umlage im ersten Jahr der Geltung des Gesetzes noch 0,2 Cent je Kilowattstunde, so beläuft sie sich im Jahr 2013 schon auf 5,3 Cent – Tendenz steigend. Experten schätzen, dass die durch das System des EEG gegenüber Erzeugern gemachten Zusagen sich bereits auf über 100 Milliarden Euro summieren.

Das ins Werk gesetzte System der Förderung erneuerbarer Energien durch staatlich im Voraus festgesetzte Einspeisevergütungen – also Preise – erscheint im Vergleich mit einem auf Wettbewerbskräfte setzenden Quotenmodell als ausgesprochen teuer. Die hohen Kosten könnten hinnehmbar erscheinen, wenn die Ziele des EEG erreicht würden. Hiervon ist aber nicht auszugehen. Zwar ist der *Anteil* der erneuerbaren Energien am *gesamten Energieverbrauch* stark angestiegen: Von 2000 – dem Jahr des Inkrafttretens des EEG – bis 2011 hat er sich auf rund 12 Prozent verdreifacht. Wird allein der *Stromverbrauch* in Rechnung gestellt, betrug der Anteil der erneuerbaren Energien im Jahr 2011 sogar rund 20 Prozent.[125] Das mit dem EEG explizit verfolgte Ziel des Klimaschutzes wird aber in drastischer Weise verfehlt. Der für die Entwicklung des Klimas bedeutsame Ausstoß an Kohlenstoffdioxid (CO_2) wird durch den rasanten und teuren Ausbau der erneuerbaren Energien nicht eingedämmt. Im Hinblick auf die Klimaentwicklung ist das EEG wirkungslos, weil die Gesamtmenge an CO_2-Emissionen durch ein anderes politisches Instrument gesteuert wird: Die EU hat im Jahr 2005 für den Kohlenstoffdioxid-Ausstoß das System des Emissionszertifikate-Handels eingeführt. In diesem System werden Obergrenzen für CO_2-Emissionen festgesetzt und sodann Umweltzertifikate ausgegeben, die ihre Inhaber in bestimmtem Umfang zur Emission berechtigen. Um einen klimaschützenden Effekt zu erreichen, werden die Obergrenzen im Laufe der Zeit abgesenkt.

Die Emissionszertifikate sind handelbar. Ihre Veräußerbarkeit beruht auf der Überlegung, dass es volkswirtschaftlich sinnvoll ist, wenn zunächst diejenigen Unternehmen Emissionen einsparen, denen dies ohne hohe Aufwendungen möglich ist. Wer seine Produktion ohne erhebliche Mehrkosten in der Weise umstellen kann, dass er Emissionen vermeidet, kann seine Zertifikate gewinnbringend an andere Produzenten verkaufen, bei denen die Vermeidung nur zu höheren Kosten möglich wäre. Im Ganzen profitiert die Volkswirtschaft von einem solchen System, weil das politisch angestrebte Ziel – das durch Festlegung bestimmter, im Zeitablauf absinkender Obergrenzen gesetzt ist – mit einem möglichst niedrigen Kostenaufwand erreicht wird. Im System des Zertifikatehandels leisten die Aufwendungen, die Stromkunden durch eine beständig steigende EEG-Umlage erbringen, entgegen der ursprünglichen Intention des Gesetzgebers keinen Beitrag zum Klimaschutz: Energieerzeuger, deren konventionelle Kraftwerkskapazitäten durch EEG-geförderte Wind- und Sonnenenergie überflüssig werden, können ihre Emissionszertifikate an CO_2-intensive Betriebe im In- oder Ausland verkaufen. Der Gesamtausstoß an Kohlenstoffdioxid ist durch das System des Zertifikatehandels vorgegeben. Die teure Subventionierung von Ökostrom hat – worauf der Wissenschaftliche Beirat beim Bundeswirtschaftsministerium schon 2004 hingewiesen hat – keinen klimaschützenden Effekt, da verschmutzungsintensive Unternehmen im Inland oder in anderen EU-Staaten die Verschmutzungsrechte erwerben und nutzen.[126]

„Zu viel Politik" bedeutet im gegebenen Zusammenhang, dass auf europäischer und auf nationaler Ebene konfligierende Politiken verfolgt werden: Während jedes Förderinstrument – Emissionszertifikate-Handel oder EEG-Förderung – für sich genommen die erwünschte Wirkung zeitigen könnte, läuft bei gleichzeitiger Anwendung eine der beiden Politiken leer. Die planwirtschaftlich anmutende, hohe Vergütungen auf Jahrzehnte garantierende nationale EEG-Förderpolitik wäre sinnvollerweise zu einem Ende gebracht worden, als sich die Einführung des EU-Zertifikatehandelssystems abzeichnete.

Freiheitsbeschränkende Berufszugangsregelungen: Meisterzwang und Numerus clausus bei Notaren

Wird die Rechtsordnung als eine die Ausübung von Freiheiten ermöglichende Infrastruktur verstanden, so können weitere Vorschriften zur Disposition gestellt werden. Dies gilt beispielsweise für den im zweiten Kapitel angesprochenen, bei zahlreichen Berufen weiterhin bestehenden sogenannten Meisterzwang: Jedenfalls bei Tätigkeiten, von denen keine gesteigerte Gefahr für das Leben oder die Gesundheit von Menschen ausgeht, ist der Meisterzwang mit dem hier vertretenen freiheitsstärkenden Ansatz nicht zu vereinbaren. Konkret ist die Abschaffung des Erfordernisses des „großen Befähigungsnachweises" etwa für die selbständige Ausübung des Maler-, des Bäcker- und des Friseurhandwerks zu fordern. Als Vorbild für eine Reform kann Österreich dienen, das im Jahr 2002 den Zugang zu den zuvor einem Meisterzwang unterliegenden Berufen weitgehend liberalisiert hat. In vielen Ländern sind Anforderungen, wie sie die deutsche Handwerksordnung noch immer stellt, ohnehin unbekannt.

Auch andere Berufszugangsregelungen, die protektionistische Wirkung haben, sind auf den Prüfstand zu stellen. Namentlich die in einigen Bundesländern bestehende zahlenmäßige Beschränkung *(numerus clausus)* der Notar-„Stellen" ist

vom hier eingenommenen Standpunkt aus nicht zu rechtfertigen. Das Ziel der Sicherstellung einer hohen Qualität
notarieller Dienstleistungen kann durch entsprechende Anforderungen an die Ausbildung und Prüfung von Notarbe-
werbern erreicht werden. Dass dieser Weg gangbar ist, zeigt
ein Blick in die Niederlande, wo die Bedarfsprüfung – und
damit eine quantitative Zulassungsbeschränkung – für den
Notarberuf im Jahr 1999 abgeschafft worden ist (hierzu
schon Kapitel 2).

Eine Liberalisierung des zu Teilen noch an mittelalterliche
Zunftstrukturen erinnernden deutschen Wirtschaftslebens
könnte – durch Eröffnung des Marktzugangs für weitere
Teilnehmer etwa im Handwerk und bei den freien Berufen –
zusätzliche Kräfte freisetzen und damit einen positiven
volkswirtschaftlichen Impuls auslösen.

Freiheitsbeschränkendes Europarecht: Bananenverordnung,
Glühbirnenverbote und Antidiskriminierungsrecht

Auch das europäische Recht kennt zahlreiche Vorschriften,
die beim besten Willen nicht als freiheitsfördernd begriffen
werden können. Einige davon wurden in diesem Buch bereits
behandelt.

Eine EU-Verordnung, die den Vertrieb von Bananen untersagt, welche nicht gewisse Mindestmaße (Länge: 14 Zenti-
meter, Dicke: 27 Millimeter) erreichen, gehört in diese Kategorie.[127] Ein Vorteil, den Händler oder Verbraucher vom
Verbot des Vertriebs kleinerer Bananen hätten, ist nicht ersichtlich. Die Verordnung hat protektionistische Wirkung:
Für Bananen aus bestimmten EU-Anbaugebieten (Madeira,
Azoren, Algarve, Kreta und Lakonien) gelten die Größen-
vorgaben nicht.[128]

Auch die für herkömmliche Glühbirnen sukzessive einge-
führten EU-Vertriebsverbote[129] stellen eine vom hier eingenommen Standpunkt aus nicht zu rechtfertigende Freiheitsbeschränkung dar. Experten bezweifeln, dass die Regelungen
den angestrebten Energiespareffekt haben. Zudem sind bei
Erlass der Vorschriften ungünstige Umweltwirkungen, die

etwa von einer nicht fachgerechten Entsorgung moderner quecksilberhaltiger Energiesparleuchten ausgehen, offenbar nicht in Betracht gezogen worden (s. Kapitel 6).

Besonders massive Freiheitsbeschränkungen gehen von den gleichfalls EU-rechtlich veranlassten Bestimmungen des sogenannten Antidiskriminierungsrechts aus.[130] Wenn europäische Fluggesellschaften keine besonderen Altersgrenzen für die Beschäftigung von Piloten mehr anwenden dürfen, stellt dies einen nicht hinnehmbaren Eingriff in die unternehmerische Entscheidungsfreiheit dar. Eine besondere Blüte hat das Antidiskriminierungsrecht für die Versicherungswirtschaft hervorgebracht, die bei ihrer Tarifgestaltung auch dann nicht mehr zwischen männlichen und weiblichen Versicherungsnehmern unterscheiden darf, wenn bei beiden Gruppen nachweislich unterschiedliche Risiken bestehen. Dringend ist vor einer von der Europäischen Kommission ins Auge gefassten Erstreckung der Antidiskriminierungsregeln auf weitere Bereiche wie den „Zugang zu Wohnraum" zu warnen.[131]

Eine Absage an den „libertären Paternalismus"

Wird das Recht als eine Infrastruktur zur Ausübung von Freiheiten begriffen, so muss der Staat sich schließlich mit Versuchen zurückhalten, durch gezielte Formulierung rechtlicher Auffangregeln seinen Bürgern einen „Schubs" in eine politisch gewünschte Richtung zu geben. Dem von manchen Verhaltensökonomen gemachten Vorschlag, das Aufkommen an Organspenden durch Einführung der „Widerspruchslösung" zu erhöhen, sollte daher auch in Zukunft nicht gefolgt werden. Eine derartige Regelung, die bei Fehlen eines ausdrücklichen Widerspruchs die Bereitschaft zur Organspende unterstellt, würde nicht die freie Entscheidung des Individuums stärken, sondern eine solche fingieren. Daher ist es unter dem hier eingenommenen Blickwinkel zu begrüßen, dass der deutsche Gesetzgeber 2012 gegen die Widerspruchs- und für eine Entscheidungslösung optiert hat (hierzu Kapitel 7).

9. Epilog: Zur begrenzten Legitimität europäischer Rechtssetzung

Krisensymptome

Das europäische Projekt ist – unbestreitbar – in einer Krise. Vordergründig ist es eine Krise des Euro-Systems: Die Vorstellung, Länder ganz unterschiedlicher Wirtschaftskraft und Wettbewerbsfähigkeit in einer Währungsunion vereinen und dadurch eine Konvergenz ihrer wirtschaftlichen Entwicklung herbeiführen zu können, muss als gescheitert gelten. Auch wenn Griechenland im Euro-Raum verbleibt und einen Teil seiner Schulden im Wege einer Restrukturierung erlassen bekommt, muss fraglich erscheinen, ob es genügend Wettbewerbskraft entwickelt, um eine Wiederholung des Überschuldungsprozesses zu vermeiden.

Die Staatsschuldenkrise ist auch eine Krise europäischer Institutionen: Sie hat offenbar werden lassen, dass nicht nur kleinere Staaten im Süden Europas die Regeln des Vertrags von Maastricht gebrochen haben: Auch Deutschland und Frankreich haben die Defizitregeln vereinzelt nicht eingehalten – und damit die Grundlagen der Gemeinschaftswährung untergraben. Im Gefolge der Krise ist eine Regel nach der anderen verletzt worden: Mit den 2010 einsetzenden Rettungsmaßnahmen ist die *No-Bail-out-Bestimmung* – der Grundsatz, dass Staaten der Eurozone nicht für die Schulden anderer einstehen – außer Kraft gesetzt worden. Zudem hat die Europäische Zentralbank durch Ankauf der Anleihen von Mitgliedstaaten, die am Finanzmarkt Refinanzierungsschwierigkeiten hatten, ein wohlbegründetes Prinzip beiseite geschoben und sich dadurch der Kritik ausgesetzt, mittelbare Staatsfinanzierung zu betreiben und selbst zu einer *Bad Bank* zu werden. Diese Vorgänge zeigen, dass Europa sich von dem

Grundsatz einer *Rule of Law* entfernt hat: Das Prinzip der
Regelbindung von Regierenden und Verwaltung ist zu oft außer Kraft gesetzt worden.

Leviathan 2.0: Zum Stand der europäischen Regelungsflut
Die Nöte des siebzehn Staaten umfassenden Euro-Systems
sollten nicht den Blick dafür verstellen, dass auch das Projekt
der Europäischen „Union" als solches in Schwierigkeiten geraten ist – und dies bereits seit geraumer Weile. Die Gemeinschaft von (heute) 27 Mitgliedstaaten – seit dem Vertrag von
Lissabon als Europäische Union bezeichnet – stößt bei ihren
Bürgern zunehmend auf Akzeptanzprobleme. Dies kann
nicht verwundern, wenn in Rechnung gestellt wird, in wie
viele Lebensbereiche – einem durch den Vertrag von Maastricht festgeschriebenen *Subsidiaritätsprinzip* zum Trotz –
die Union heute hineinregiert und damit bürgerliche Freiheiten beschränkt.

Hans Magnus Enzensberger hat in seiner Abhandlung
Sanftes Monster Brüssel[132] darauf hingewiesen, wo EU-Bürger
sich über den aktuellen Stand der europäischen Regelungsflut
kundig machen können: Die Kommissions-Webseite EUR-
LEX listet unter der Rubrik *Geltendes Gemeinschaftsrecht*
rund 20 000 „Rechtsakte", d. h. Abkommen, Verordnungen,
Richtlinien und Entscheidungen auf. Hier erfährt man zum
Beispiel, dass in den letzten Jahren auch der „Zusatz von Vita-
minen und Mineralstoffen sowie bestimmten anderen Stoffen
zu Lebensmitteln", „Umweltkriterien für die Vergabe des
EG-Umweltzeichens für Hygienepapier" sowie „Qualitäts-
und Sicherheitsstandards für zur Transplantation bestimmte
menschliche Organe" durch europäisches Recht geregelt worden sind.

Zur Notwendigkeit eines politischen Diskurses in Europa
In der öffentlichen Diskussion der vergangenen Jahre ist oft
ein bei den europäischen Institutionen bestehendes *Demokratiedefizit* bemängelt worden. Im Kern des Vorwurfs stehen institutionelle Mängel beim Erlass von Rechtsvorschrif-

ten: Der Rat der Europäischen Union, der aus Vertretern der Regierungen der Mitgliedstaaten besteht, hat in einigen Politikfeldern die alleinige Zuständigkeit zum Erlass von Gemeinschaftsrecht. Das Parlament muss in diesen Bereichen – beispielsweise bei Regelungen zur Freizügigkeit der Unionsbürger, zur justiziellen Zusammenarbeit in Familiensachen, zur Entwicklung der polizeilichen Zusammenarbeit sowie zur Energiepolitik – nur angehört werden, hat aber kein Mitentscheidungsrecht. Damit ist es möglich, dass ein der Exekutive zuzurechnendes Organ – der Rat – ohne Einbeziehung des Parlaments Gesetzgebungsakte erlässt.

Auch in den – zahlreicheren – Politikbereichen, in denen das Europäische Parlament im sogenannten ordentlichen Gesetzgebungsverfahren mitentscheidet, sind seine Befugnisse begrenzt: Gesetzesinitiativen aus der Mitte des Parlaments sind unzulässig. Vorschläge zur Schaffung neuer Rechtsvorschriften können nur von der Europäischen Kommission ausgehen. Die Legislative ist damit in der Hand der Exekutive.

Das Demokratieprinzip ist zudem dadurch berührt, dass die Unionsbürger in ganz unterschiedlichem Maße Einfluss auf die Zusammensetzung des Europäischen Parlaments haben: Ein Abgeordneter aus einem größeren Mitgliedstaat wie Frankreich, Großbritannien, Spanien oder Deutschland repräsentiert weit über 800 000 EU-Bürger, ein Volksvertreter aus Malta dagegen nur rund 75 000 EU-Bürger. Das Stimmgewicht eines Malteser Bürgers ist also um das Zehnfache höher als das eines Bürgers eines großen Mitgliedstaats.

Die angesprochenen Defizite des demokratischen Prozesses – Fehlen eines Initiativrechts des Parlaments, unterschiedliches Stimmgewicht der Wahlbürger – wiegen schwer. Noch schwerer aber wiegt ein anderes, nicht mit rechtlichen Mitteln abzustellendes Manko: Was Europa fehlt, ist – bisher – die Fähigkeit zum politischen Diskurs. Eine öffentliche politische Auseinandersetzung über Werte und Politikziele findet nicht auf Unionsebene, sondern in den Mitgliedstaaten statt. Es gibt keine „Öffentlichkeit", die die großen und die kleinen

Themen der europäischen Rechtsentwicklung diskutieren und damit den Akteuren – allen voran der Europäischen Kommission – etwas entgegensetzen könnte. Bis heute fehlt es an europäischen Medien: Die großen politischen Debatten werden in nationalen Tages- und Wochenzeitungen und -zeitschriften, kaum aber in international verbreiteten Gazetten geführt. Auch europäische Fernsehprogramme haben bislang nur eine geringe Verbreitung erlangt und konzentrieren sich zumeist auf einen Sprachraum oder auf ein Themenfeld wie Kultur oder Sport. Das größte Hemmnis für die Herausbildung europäischer Medien bildet – sozusagen selbstredend – das Sprachenproblem. Auch in Zeiten einer zunehmenden Verbreitung von Fremdsprachenkenntnissen fällt vielen Unionsbürgern die Kommunikation in hinzugelernten Sprachen deutlich schwerer als die in ihrer Muttersprache.

Das Gesagte muss nicht für alle Zukunft gelten. Mit der zunehmenden Beherrschung fremder Sprachen durch eine immer größere Zahl von Unionsbürgern mag das Sprachenproblem an Bedeutung verlieren. Europäische Zeitungen und unionsweit aktive Fernsehsender könnten entstehen, und mit dem Internet steht eine technische Struktur zur Verfügung, die die Herausbildung einer länderübergreifenden Diskussion politischer Themen erheblich beschleunigen könnte. Bis auf Weiteres aber gilt: Eine „Öffentlichkeit" existiert nicht auf der Ebene der Europäischen Union, sondern in den einzelnen Mitgliedstaaten. Dies hat Folgewirkungen für den politischen Prozess: Die „Bühnen" für Politiker befinden sich in den Mitgliedstaaten. Dort müssen sie die Medien bedienen – selbst wenn sie auf Unionsebene eine Karriere anstreben, etwa Abgeordnete des Europäischen Parlaments werden wollen. Die interessanteren Karrieren führen ohnehin bis heute nicht über das Europäische Parlament, sondern über die politischen Institutionen der Mitgliedstaaten: Wer beispielsweise europäischer Kommissar werden möchte, braucht die Unterstützung der heimischen Regierung – und hat in vielen Fällen bereits im Heimatstaat hohe politische Ämter innegehabt. So konzentrieren sich bis heute ehrgeizige

Nachwuchspolitiker oft zunächst auf eine Karriere in ihrem Mitgliedstaat.

Im Ganzen ist ein verhängnisvolles Auseinanderdriften der Ebene des politischen Diskurses auf der einen und derjenigen der politischen Entscheidung zu beobachten: Mehr und mehr politische Entscheidungen – auch mit der Folge von Eingriffen in bürgerliche Freiheiten – werden auf Unionsebene getroffen. Dort findet aber keine politische Auseinandersetzung mit den Bürgern statt – mit der Folge, dass eine aus Kommission, Rat und Parlament bestehende Gesetzgebungsmaschinerie einigermaßen unbehelligt „durchregieren" kann. Diese Konstellation trägt den Keim einer gefährlichen Entwicklung in sich: Die Ebene, auf der Entscheidungen verbindlich getroffen werden, verselbständigt sich und entfremdet sich den Bürgern.

Dieses Buch hat *nicht* die Frage der *Legalität* europäischer Rechtsakte zum Gegenstand: Im Hinblick auf zahlreiche Richtlinien und Verordnungen ist umstritten, ob die Union zu ihrem Erlass rechtlich befugt war. Diese Rechtsfrage beurteilt sich zum einen danach, ob der betreffende Rechtsakt einer der Materien zuzuordnen ist, für die nach den europäischen Verträgen eine ausschließliche oder mit den Mitgliedstaaten geteilte Kompetenz der Union besteht. Alle in den Verträgen nicht auf die Union übertragenen Zuständigkeiten verbleiben nach dem sogenannten Prinzip der begrenzten Einzelermächtigung bei den Mitgliedstaaten. Zum anderen fordert das bereits erwähnte Subsidiaritätsprinzip Beachtung: In den Bereichen, in denen keine ausschließliche, sondern eine mit den Mitgliedstaaten geteilte Zuständigkeit der Union besteht, darf diese nur tätig werden, soweit „die Ziele der in Betracht gezogenen Maßnahmen von den Mitgliedstaaten weder auf zentraler noch auf regionaler oder lokaler Ebene ausreichend verwirklicht werden können, sondern vielmehr wegen ihres Umfangs oder ihrer Wirkungen auf Unionsebene besser zu verwirklichen sind" (Artikel 5 Abs. 3 des Vertrages über die Europäische Union).

Unabhängig von der im letzten Absatz angesprochenen Frage nach der Legalität von Rechtsakten der Union stellt

sich die Frage nach ihrer *Legitimität,* d. h. nach ihrer Aner-
kennungswürdigkeit. Eine zentrale These dieses Buches lautet: Weil es bisher an den Voraussetzungen eines politischen
Diskurses in Europa fehlt, gebricht es der europäischen
Rechtsetzung jedenfalls insoweit, als sie in bürgerliche Freiheiten eingreift, an Legitimität. Der demokratische Rechtset-
zungsprozess ist unvollständig, wenn auf Unionsebene Eingriffe in Bürgerfreiheiten beschlossen werden, ohne dass auf
derselben Ebene eine öffentliche Diskussion erfolgt. Dies gilt
nicht nur für unmittelbar wirkende EU-Verordnungen, sondern auch für noch von den Mitgliedstaaten umzusetzende
EU-Richtlinien. Die Möglichkeit zum öffentlichen Diskurs
bei der Umsetzung in den Mitgliedstaaten reicht nicht aus,
um das demokratische Defizit beim Erlass von EU-Richtlinien zu kompensieren: Die Mitgliedstaaten sind rechtlich zur
Umsetzung verpflichtet, ihnen verbleiben hierbei nur be-
grenzte Ausgestaltungsspielräume. Im Übrigen eröffnet diese
Konstellation für Parteien und Politiker die Möglichkeit zum
Spiel „über die Bande": Regelungen, bei deren Erlass auf mit-
gliedstaatlicher Ebene öffentlicher Widerstand zu erwarten
ist, können zunächst in Gestalt europäischer Richtlinien beschlossen werden. Bei der anschließenden Umsetzung in den
Mitgliedstaaten kann dann – wie bei der Antidiskriminie-
rungsgesetzgebung geschehen – darauf verwiesen werden,
dass das europäische Recht hierzu verpflichte.

Mit dem vorliegenden Buch wurde der Versuch einer Entwicklung von Orientierungshilfen für die praktische Politik
unternommen. Dabei wurde eine auf die Sicherung individueller Freiheiten abzielende Position eingenommen. Die dabei entwickelten Beurteilungsmaßstäbe beziehen sich nicht
allein auf die nationale, sondern auch auf die europäische Re-
gelungsebene. In diesem Sinne gilt: Europa braucht weniger
Politik.[133]

Anmerkungen

Anmerkungen zu Kapitel 1.

[1] Die Untersuchung wurde veröffentlicht unter dem Titel „Freiheits-index Deutschland" 2012 und ist abrufbar unter www.ifd-allensbach.de/studien-und-berichte/veroeffentlichte-studien.html. Vgl. auch den Bericht der Frankfurter Allgemeinen Zeitung „Misstrauen gegen Markt-wirtschaft", FAZ vom 14.11.2012, S. 11.

Anmerkungen zu Kapitel 2.

[2] Bundesinstitut für Berufsbildung, Liste der staatlich anerkannten Ausbildungsberufe, abrufbar unter http://www2.bibb.de/tools/aab/aabberufeliste.php.

[3] „Reform der Handwerksordnung: Vermittlungsausschuss einigt sich auf Kompromiss/Meisterliche Qualifikation bleibt vorgeschrie-ben", Pressemitteilung des Deutschen Fleischerverbandes vom 17.12.2003, abrufbar unter http://www.verbaende.com/news.php?m=22510.

[4] *Jochen Taupitz*, Die Standesordnungen der freien Berufe, 1991, S. 138f.; Monopolkommission, XVI. Hauptgutachten (2006), Textziffer 884.

[5] „Mittelstand in Deutschland", Monatsbericht des Bundesminis-teriums der Finanzen 2009/06, abrufbar unter http://www.bundes finanzministerium.de/Content/DE/Monatsberichte/Standardartikel_Mi gration/2009/06/analysen-und-berichte/b05-mittelstand-in-deutschland/mittelstand-in-deutschland.html.

[6] Vgl. *Deregulierungskommission*, Marktöffnung und Wettbewerb, 1991, S. 112f., Textziffer 459.

[7] Vgl. *Christoph U. Schmid* und *Tobias Pinkel*, Die Regulierung recht-licher Dienstleistungen bei Grundstücksgeschäften zwischen Wettbe-werbs- und Verbraucherschutz, Hanse Law Review 3 No. 1 (2007), 5, 16f. Zu einer anderen Bewertung kommen *Roger van den Bergh* und *Yves Montangie*, Competition in Professional Services Markets = Are Latin Notaries Different?, Journal of Competition Law and Eco-nomics 2 No. 2 (2006) 189, 203 f.

[8] Hierzu 22. Subventionsbericht (Bericht der Bundesregierung über die Entwicklung der Finanzhilfen des Bundes und der Steuervergünsti-gungen für die Jahre 2007–2010) S. 20 Abbildung 4.

⁹ Dazu 23. Subventionsbericht (Bericht der Bundesregierung über die Entwicklung der Finanzhilfen des Bundes und der Steuervergünstigungen für die Jahre 2009–2012) S. 19 Abbildung 4.
¹⁰ 22. Subventionsbericht, S. 38 Übersicht 9.
¹¹ 23. Subventionsbericht, S. 38 Übersicht 9.
¹² 23. Subventionsbericht, S. 8.
¹³ 23. Subventionsbericht, S. 29.
¹⁴ 23. Subventionsbericht, S. 26 f.
¹⁵ Bundesverfassungsgericht Urteil vom 09.12.2008 – 2 BvL 1/07, 2 BvL 2/07, 2 BvL 1/08 und 2 BvL 2/08, veröffentlicht in Entscheidungen des Bundesverfassungsgerichts 122, 210 ff.

Anmerkungen zu Kapitel 3.

¹⁶ Bundesgesetzblatt 2011 Teil I S. 3034.
¹⁷ *Charles de Secondat, Baron de Montesquieu*, „De l'esprit des lois", erstveröffentlicht 1748 in Genf unter dem Titel „De l'esprit des loix".
¹⁸ Vgl. für eine Einführung in die Neue Politische Ökonomie *Dennis C. Mueller*, Public Choice III, Cambridge University Press, Cambridge 2003.
¹⁹ Siehe den Bericht „Die Beamten-Flüsterer" in FOCUS Online, abrufbar unter http://www.focus.de/politik/deutschland/bundesregierung-die-beamten-fluesterer_aid_426462.html.
²⁰ Öffentliche Liste über die beim Bundestag registrierten Verbände und deren Vertreter, abrufbar unter http://www.bundestag.de/dokumente/lobbyliste/index.html.
²¹ EU Transparency Register, abrufbar unter http://europa.eu/transparency-register/.
²² Aussage der Parlamentarischen Staatssekretärin *Barbara Hendricks* auf eine Anfrage von MdB *Dietrich Austermann* aus dem Jahr 2003, zitiert nach *Sascha Adamek* und *Kim Otto*, Der gekaufte Staat, 3. Aufl. Köln 2008, 4. Kapitel Textziffer 94.
²³ Allgemeine Verwaltungsvorschrift zum Einsatz von außerhalb des öffentlichen Dienstes Beschäftigten (externen Personen) in der Bundesverwaltung.
²⁴ Siehe den Artikel „Guttenbergs Großkanzlei" der Süddeutschen Zeitung, abrufbar unter http://www.sueddeutsche.de/wirtschaft/neues-gesetz-guttenbergs-grosskanzlei-1.153712.

Anmerkungen zu Kapitel 4.

²⁵ *Sigmar Gabriel*, Parteitagsrede vom 5. Dezember 2011, abrufbar unter http://www. sigmar-gabriel.de/reden/.
²⁶ Volkswagen AG, „Vielfalt erfahren", Geschäftsbericht des Volkswagen-Konzerns für das Jahr 2011.

²⁷ Gesetz zum Elterngeld und zur Elternzeit (BEEG), BGBl. 2006 I S. 2748, zuletzt geändert durch Art. 10 des Gesetzes vom 23.10.2012, BGBl. 2012 I S. 2246.

²⁸ Die Richtwerte wurden vom Berliner Senat zuletzt im April 2012 festgesetzt. Sie sind abrufbar unter http://www.berlin.de/imperia/md/content/jobcenter/tempelhof-schoeneberg/mietobergrenzen_ab_mai12.pdf?start&ts=1336386363&file=mietobergrenzen_ab_mai12.pdf.

²⁹ Pressemitteilung des DIW vom 27.01.2004: Kinderlose Männer in Deutschland – Eine soziokulturelle Bestimmung auf Basis des Soziooekonomischen-Panels (SOEP).

³⁰ Zu alledem: Statistisches Bundesamt, Pressemitteilung Nr. 301 vom 18.08.2011.

³¹ Quelle: Statistisches Bundesamt, Pressemitteilung Nr. 329 vom 20.09.2012.

³² Bundesverfassungsgericht Beschluss vom 06.06.2011 – 1 BvR 2712/09, Randnummer 8; Bundesverfassungsgericht Beschluss vom 09.11.2011 – 1 BvR 1853/11, Randnummern 9–17.

³³ Bundesverfassungsgericht Urteil vom 14.02.2012 – 2 BvL 4/10 Randnummern 166–170. In Reaktion auf die Gerichtsentscheidung brachte die hessische Landesregierung im Herbst 2012 einen Gesetzentwurf in den Landtag ein, nach dem das Grundgehalt für W2-Professoren auf mindestens 4780 Euro steigen soll.

³⁴ Randnummer 164 der Urteilsbegründung.

³⁵ Randnummer 166 der Urteilsbegründung.

³⁶ Randnummer 167 der Urteilsbegründung.

³⁷ Randnummer 169 der Urteilsbegründung.

³⁸ Randnummer 172 der Urteilsbegründung.

³⁹ Randnummer 176 der Urteilsbegründung.

⁴⁰ Randnummer 178 der Urteilsbegründung.

⁴¹ Randnummer 145 der Urteilsbegründung.

⁴² Die Besoldungstabellen für Bund und Länder können abgerufen werden unter http://www.beamtenbesoldung.org/besoldungstabellen.html.

⁴³ Auch bei einer Gewichtung künftiger Lohnzahlungen mit einem angemessenen Diskontfaktor, das heißt bei bloßer Betrachtung ihres Gegenwartswertes, dürften Einkommensvorteile von Akademikern eine in der Studienphase eintretende Einkommenseinbuße im Durchschnitt weit übertreffen.

⁴⁴ Vgl. für einen entsprechenden Vorschlag Monopolkommission, XVIII. Hauptgutachten, 2010, Textziffern 1013–1033.

⁴⁵ Im geltenden deutschen Recht ist lediglich vorgesehen, dass die Hauptversammlung einer Aktiengesellschaft über ein „System der Vorstandsvergütung" beschließen „kann" (§ 120 Abs. 4 des Aktiengesetzes). Selbst bei Gesellschaften, in denen dies geschieht, entfaltet ein solches Aktionärsvotum keine bindende Wirkung für den Aufsichtsrat, der für die Festsetzung der Vorstandsbezüge zuständig ist. Demgegenüber for-

dert das englische Recht bei börsennotierten Gesellschaften eine – bisher freilich nicht bindende – Aktionärsabstimmung über den Vergütungsbericht des *board of directors*. Ein Reformvorschlag, der das Votum der Aktionäre verbindlich machen möchte, befindet sich derzeit im Gesetzgebungsverfahren.

[46] Sämtliche Zahlen sind der Webseite des Europäischen Statistikamtes Eurostat entnommen: http://appsso.eurostat.ec.europa.eu/nui/show.do?dataset=ilc_di04&lang=en.

[47] Das Durchschnittseinkommen *(mean income)* in den EU-Staaten ist abrufbar auf der Webseite http://appsso.eurostat.ec.europa.eu/nui/setupModifyTableLayout.do.

[48] *Heribert Prantl,* Brav gearbeitet, wackerer Maulwurf! Ohne Umverteilung des Reichtums verkümmert die Demokratie ..., FAZ vom 03.05.2011, S. 32.

[49] Zum Ganzen *Malte Buhse* und *Olaf Storbeck,* Abstimmung mit den Füßen, Handelsblatt vom 22.03.2012, S. 18.

[50] Vgl. den Bericht der Frankfurter Allgemeinen Zeitung: http://www.faz.net/frankfurter-allgemeine-zeitung/franzoesischer-verfassungsrat-stoppt-hollandes-reichensteuer-12010436.html.

[51] Hierzu der Bericht in ZEIT Online: http://www.zeit.de/wirtschaft/2012-03/britannien-wirtschaft.

[52] *Aristoteles,* Nikomachische Ethik, 1129b, in der Übersetzung durch *Eugen Rolfes,* 2. Aufl. Leipzig 1911.

[53] Auszüge aus *Ullrich Schmitthenner* (Hrsg.), Ökumenische Weltversammlung in Seoul 2009. Arbeitsbuch für Gerechtigkeit, Frieden und Bewahrung der Schöpfung, Frankfurt a. M./Essen 1990, S. 153f.

[54] *Friedrich Engels,* Die Lage der arbeitenden Klasse in England, Leipzig 1845, S. 137f.

[55] *Alexis de Tocqueville,* zitiert nach Wilhelm Treue und Karl-Heinz Manegold, Quellen zur Geschichte der industriellen Revolution, Göttingen 1966, S. 126–128.

[56] Bundesverfassungsgericht, Urteil vom 9.2.2010 – 1 BvL 1/09, 1 BvL 3/09 und 1 BvL 4/09, veröffentlicht in Entscheidungen des Bundesverfassungsgerichts 125, 175, Randnummer 134.

[57] Hierzu Randnummern 146 ff. der Urteilsbegründung.

[58] Gesetz vom 24.03.2011 zur Ermittlung von Regelbedarfen und zur Änderung des Zweiten und Zwölften Buches Sozialgesetzbuch, BGBl. 2011 I S. 453–496.

[59] Sämtliche Zahlenangaben beruhen auf den vom Senat im April 2012 beschlossenen, schon in Fußnote 28 genannten Richtwerten: http://www.berlin.de/imperia/md/content/jobcenter/tempelhof-schoeneberg/mietobergrenzen_ab_mai12.pdf?start&ts=1336386363&file=mietobergrenzen_ab_mai12.pdf.

[60] *Friedrich August von Hayek,* Die Illusion der ‚Sozialen Gerechtigkeit‘, Band 2 von ‚Recht, Gesetzgebung und Freiheit‘, Landsberg am Lech 1981.

[61] *Ludwig Erhard*: Franz Oppenheimer, Dem Lehrer und Freund, Rede zu Oppenheimers 100. Geburtstag, abgedruckt in Karl Hohmann (Hrsg.), Ludwig Erhard: Gedanken aus fünf Jahrzehnten. Reden und Schriften, Düsseldorf u. a. 1988, S. 862.

Anmerkungen zu Kapitel 5.

[62] Dieses Konzept wird im allgemeinen mit dem Begriff des *Kaldor-Hicks*-Kriteriums in Verbindung gebracht. Vgl. zur Grundlegung *Nicholas Kaldor*, Welfare Propositions in Economics and Interpersonal Comparisons of Utility, Economic Journal 49, No. 195 (1939), 549–552 und *John Richard Hicks*, The Foundations of Welfare Economics, Economic Journal 49, No. 196 (1939), 696–712. Kritiker bringen hiergegen vor, das Kaldor-*Hicks*-Kriterium setze implizit einen interpersonellen Nutzenvergleich voraus; der Nutzen verschiedener Individuen lasse sich aber nicht vergleichen. Vgl. zur Kritik *Ulrich Schwalbe*, Das Effizienzkonzept der Wirtschaftstheorie, in *Holger Fleischer* und *Daniel Zimmer* (Hrsg.), Effizienz als Regelungsziel im Handels- und Wirtschaftsrecht, Verlag Recht und Wirtschaft, Frankfurt a. M. 2008 S. 43, 60.

[63] *Andreu Mas-Colell, Michael D. Whinston* und *Jerry Green*, Microeconomic Theory, Oxford University Press, Oxford 1995, S. 549–561.

[64] Bundesverfassungsgericht Urteil v. 12. 11. 1974 – 1 BvR 32/68, veröffentlicht in Entscheidungen des Bundesverfassungsgerichts 38, 175, 180.

[65] Bundesverfassungsgericht Urteil vom 20.03. 1984 – 1 BvL 28/82, veröffentlicht in Entscheidungen des Bundesverfassungsgerichts 66, 248, 257.

[66] *Jeremy Bentham*, A Fragment on Government, erstveröffentlicht 1776 in London, Preface: „*it is the greatest happiness of the greatest number that is the measure of right and wrong*"; auch abgedruckt in: The Works of Jeremy Bentham, hrsg. von John Bowring, Band I, Edinburgh 1838–43.

[67] *Jeremy Bentham*, Principles of Penal Law, Part III: Of Indirect Means of Preventing Crimes, Chapter XII. Problem IX. to Facilitate the Recognition and the Finding of Individuals, abgedruckt in: The Works of Jeremy Bentham, hrsg. von John Bowring, Band I, Edinburgh 1838–43.

[68] Bundesverfassungsgericht Urteil vom 15.02.2010 – 1 BvR 357/05, veröffentlicht in Entscheidungen des Bundesverfassungsgerichts 115, 118.

[69] Randnummer 120 des Urteils.

[70] Randnummer 121 des Urteils.

[71] Randnummer 124 des Urteils.

Anmerkungen zu Kapitel 6.

[72] *Barack Obama*, Auszug aus einer Rede vom 09.09.2009 vor beiden Kammern des US-Kongresses zur geplanten Gesundheitsreform:

„… extraordinary hardships … are placed on the uninsured, who live every day just one accident or illness away from bankruptcy". Die Rede ist abrufbar unter http://www.whitehouse.gov/the_press_office/ Remarks-by-the-President-to-a-Joint-Session-of-Congress-on-Health-Care.

[73] Bundesverfassungsgericht Urteil vom 09.02.2010 – 1 BvL 1/09, 1 BvL 3/09, 1 BvL 4/09, veröffentlicht in Entscheidungen des Bundesverfassungsgerichts 125, 175, Leitsatz 1 und Randnummer 133.

[74] Hierzu *Dietmar von der Pfordten,* Juristen-Zeitung 2005, 1069.

[75] Hierzu *von der Pfordten,* aaO., S. 1070.

[76] Zur Diskussion anthropozentrischer und anderer Erklärungen *umweltrechtlicher* Bestimmungen *Hohmann,* Das Rechtsgut der Umweltdelikte, Frankfurt a. M. u. a. 1991.

[77] Vgl z. B. Bundesgerichtshof Urteil vom 03.11.2004 – VIII ZR 375/03 (Widerrufbarkeit des Erwerbs von Schmuck durch eine Internet-Auktion bei eBay).

[78] Vgl. z. B. Bundesarbeitsgericht Urteil vom 18.03.2009 – 10 AZR 281/08 (Anspruch auf Weihnachtsgeld aufgrund betrieblicher Übung).

[79] Textziffer 13 der Erwägungsgründe zur Verordnung (EG) Nr. 244/2009 der Kommission zur Durchführung der Richtlinie 2005/32/EG.

[80] Vgl. z. B. *Manuel Frondel,* Der Rebound-Effekt von Energieeffizienz-Verbesserungen, Energiewirtschaftliche Tagesfragen (et) 2012 Heft 8, S. 12–17; *Stefan Thomas,* Energieefffizienz spart wirklich Energie – Erkenntnisse zum Thema „Rebound-Effekte", Energiewirtschaftliche Tagesfragen (et) 2012 Heft 8, S. 8–11. Zum Problem der nicht sachgerechten Entsorgung quecksilberhaltiger Energiesparleuchten *Heinz-Wilhelm Simon,* Das Quecksilber-Dilemma, entsorga-magazin 1–2/2009, S. 18, 20: Danach wurden weniger als 10 Prozent der in privaten Haushalten verwendeten Energiesparlampen über ein eigens dafür geschaffenes Rücknahmesystem entsorgt.

[81] Richtlinie 2000/78/EG des Rates vom 27.11.2000 zur Festlegung eines allgemeinen Rahmens für die Verwirklichung der Gleichbehandlung in Beschäftigung und Beruf, Amtsblatt Nr. L 303 vom 02.12.2000 S. 16–22; Richtlinie 2002/73/EG des Europäischen Parlaments und des Rates vom 23. 09. 2002 zur Änderung der Richtlinie 76/207/EWG des Rates zur Verwirklichung des Grundsatzes der Gleichbehandlung von Männern und Frauen hinsichtlich des Zugangs zur Beschäftigung, zur Berufsbildung und zum beruflichen Aufstieg sowie in Bezug auf die Arbeitsbedingungen, Amtsblatt Nr. L 269 vom 05.09.2002 S. 15–20; Richtlinie 2004/113/EG des Rates vom 13. 12. 2004 zur Verwirklichung des Grundsatzes der Gleichbehandlung von Männern und Frauen beim Zugang zu und bei der Versorgung mit Gütern und Dienstleistungen, Amtsblatt Nr. L 373 vom 21.12.2004 S. 37–43.

[82] Europäischer Gerichtshof (Große Kammer) Urteil vom 13.09.2011 in der Rechtssache C 447/09 (Prigge u. a. gegen Deutsche Lufthansa AG).

[83] Europäischer Gerichtshof (Große Kammer) Urteil vom 01.03.2011 in der Rechtssache C 236/09 (Association belge des Consommateurs Test-Achats ASBL u. a. gegen Conseil des Ministres).

[84] Vorschlag für eine Richtlinie des Rates zur Anwendung des Grundsatzes der Gleichbehandlung ungeachtet der Religion oder der Weltanschauung, einer Behinderung, des Alters oder der sexuellen Ausrichtung vom 02.07.2008, KOM (2008) 426 endgültig.

Anmerkungen zu Kapitel 7.

[85] *Bernard Salanié,* Microeconomics of Market Failure, MIT Press, Cambridge, Massachusetts 2000 (passim).

[86] Grundlegend zu externen Effekten und zu Möglichkeiten einer Internalisierung durch spezifizierte Eigentumsrechte *Ronald H. Coase,* The Problem of Social Cost, in: Journal of Law and Economics 3 (1960), 1–44.

[87] *George A. Akerlof,* The Market for ,Lemons': Quality Uncertainty and the Market Mechanism, The Quarterly Journal of Economics 84 No. 3 (1979), 488–500.

[88] Die Problematik der öffentlichen Güter kann als ein besonderer Fall positiver externer Effekte (hierzu schon oben bei und in Fußnoten 85 f.) begriffen werden: Güter, die solche Effekte verursachen, werden vom Markt in zu geringer Menge bereitgestellt.

[89] *Eugene F. Fama,* Efficient Capital Markets. A Review of Theory and Empirical Work, Journal of Finance 25 No. 2 (1970), 383–417.

[90] Die hier und im Folgenden gegebene Darstellung geht in Teilen zurück auf das Gutachten des Verfassers zum 68. Deutschen Juristentag: *Daniel Zimmer,* Finanzmarktregulierung – Welche Regelungen empfehlen sich für den deutschen und europäischen Finanzsektor? Verhandlungen des 68. Deutschen Juristentags 2010, Band I, München 2010, S. G 9–97 (insbesondere S. G 15–19).

[91] Vgl. zu dieser These *Richard A. Posner,* Rational Choice, Behavional Economics, and the Law, Stanford Law Review 50 No. 5 (1998), 1551, 1553 f.; ferner schon *Ronald J. Gilson* und *Reinier H. Kraakman,* The Mechanisms of Market Efficiency, Virginia Law Review 70 No. 4 (1984), 549, 581 ff.

[92] Vgl. *Justin Fox,* The Myth of the Rational Market: A History of Risk, Reward, and Delusion on Wall Street, Harper Collins, New York 2009 (passim).

[93] Vgl. *James P. O'Shaughnessy,* What works on Wall Street, McGraw-Hill, New York u. a. 1996; für eine Darstellung der Wirkungen, die „momentum trading" in jüngerer Zeit auf Devisen- und Wertpapiermärkten gehabt hat, *Edward Chancellor,* Devil Take the Hindmost: A History of Financial Speculation, Plume, New York u. a. 2000.

[94] Vgl. für eine solche Erklärung des Festhaltens von Investoren an überbewerteten Enron-Aktien *John C. Coffee,* What caused Enron?,

Cornell Law Review 89 No. 2 (2004), 269, 299; ähnlich schon *Paul M. Healy/Krishna G. Palepu,* The Fall of Enron, Journal of Economic Perspectives 17 No. 2 (2003), 3–26.

[95] Vgl. für eine Einführung in die Verhaltensökonomie *Nick Wilkinson* und *Matthias Klaes,* An Introduction to Behavioral Economics, Palgrave Macmillan, Basingstoke, 2. Aufl. 2012. Einen Überblick über die neuere verhaltenswissenschaftliche Forschung geben die Beiträge in *Holger Fleischer* und *Daniel Zimmer,* Beitrag der Verhaltensökonomie (Behavioral Economics) zum Handels- und Wirtschaftsrecht, Frankfurt a. M. 2011.

[96] An dieser Stelle wird „rationales Verhalten" gleichgesetzt mit gewinnmaximierendem Verhalten. Hätte ein Spieler demgegenüber andere Präferenzen – wäre ihm etwa auch eine faire Verteilung wichtig –, so könnte auch eine Aufteilung des Betrages im Verhältnis von zwei Dritteln zu einem Drittel als „rational" bezeichnet werden.

[97] *A. Tversky* und *D. Kahneman,* The Framing of Decisions and the Psychology of Choice, Science, New Series Vol. 211, No. 4481 (Jan 30, 1981), 453–458.

[98] Zum overconfidence bias zusammenfassend *Dale Griffin* und *Carol Varey,* Towards a Consensus on Overconfidence, Organizational Behavior and Human Decision Processes 65 No. 3 (1996) 227–231.

[99] Vgl. z. B. *Matthew Rabin* und *Joel L. Schrag,* First Impressions Matter: A Model of Confirmation Bias, Quarterly Journal of Economics 114 No. 1 (1999), 37–82.

[100] *Robert J. Shiller,* Irrational Exuberance, Princeton University Press, Princeton 2000. Allgemein zur Analyse menschlichen Herdenverhaltens *Christophe P. Chamley,* Rational Herds – Economic Models of Social Learning, Cambridge University Press, Cambridge 2004.

[101] *Cass Sunstein* und *Richard Thaler,* Nudge, deutsche Taschenbuchausgabe, Berlin 2011.

[102] Zum Ganzen S. 300 ff. der deutschen Taschenbuchausgabe.

[103] S. 199 ff. der deutschen Taschenbuchausgabe.

[104] S. 240 ff. der deutschen Taschenbuchausgabe.

[105] S. 331 ff. der deutschen Taschenbuchausgabe.

[106] S. 244 der deutschen Taschenbuchausgabe.

[107] S. 19 der deutschen Taschenbuchausgabe.

[108] S. 38 der deutschen Taschenbuchausgabe.

[109] S. 136 der deutschen Taschenbuchausgabe.

[110] S. 196 der deutschen Taschenbuchausgabe.

[111] S. 27 der deutschen Taschenbuchausgabe.

[112] Allgemein zur „Ordnung der Freiheit" durch die Systeme des Rechts, der Wirtschaft und der Politik *Udo di Fabio,* Die Kultur der Freiheit, München 2005, S. 88 f.

[113] Gesetz über die Spende, Entnahme und Übertragung von Organen und Geweben (Transplantationsgesetz – TPG) vom 05.11.1997, zuletzt geändert durch Art. 2a des Gesetzes vom 19.10.2012, BGBl. 2012 Teil I S. 2192.

[114] Vgl. die übergreifende Darstellung von *George A. Akerlof* und *Robert J. Shiller*, Animal Spirits: How Human Psychology Drives the Economy, and Why it Matters for Global Capitalism, Princeton University Press, Princeton 2009.
[115] Eingehend zu Bank Runs *Douglas W. Diamond* und *Philip H. Dybvig*, Bank Runs, Deposit Insurance, and Liquidity, Journal of Political Economy 91 No. 3 (1983), 401–419.
[116] § 24 Sozialgesetzbuch VIII in der vom 01.08.2013 an geltenden Fassung.

Anmerkungen zu Kapitel 8.

[117] Das in diesem Kapitel skizzenförmig entwickelte Konzept eines Rechtssystems als einer Infrastruktur zur Ausübung von Freiheiten kann in Teilen zurückgeführt werden auf die Lehre von der sogenannten Privatrechtsgesellschaft. Hierzu grundlegend *Franz Böhm*, Privatrechtsgesellschaft und Marktwirtschaft, ORDO 17 (1966), 75–151. Vgl. aus neuerer Zeit die Beiträge von *Ernst-Joachim Mestmäcker, Wolfgang Zöllner, Paul Kirchhof, Stefan Grundmann, Viktor Vanberg, Wulf-Henning Roth, Eduard Picker, Dagmar Coester-Waltjen, Klaus Adomeit, Barbara Grunewald, Apostolos Georgiades und Filippo Ranieri* in *Karl Riesenhuber* (Hrsg.), Privatrechtsgesellschaft – Entwicklung, Stand und Verfassung des Privatrechts, Band 53 der „Untersuchungen zur Ordnungstheorie und Ordnungspolitik", herausgegeben vom Walter Eucken Institut, Tübingen 2007.
[118] *Douglass North*, Institutions, Journal of Economic Perspectives 5 No. 1 (1991), 97–112; *derselbe*, Understanding the Process of Economic Change, Princeton University Press, Princeton 2005.
[119] *Rainer Haselmann, Katharina Pistor* und *Vikrant Vig*, How Law Affects Lending, Review of Financial Studies 23 No. 2 (2010), 549–580.
[120] Tarifvertragsgesetz in der Fassung der Bekanntmachung vom 25.08.1969 (BGBl. I S. 1323), zuletzt geändert durch Artikel 88 des Gesetzes vom 08.12.2010 (BGBl. I S. 1864).
[121] Gesetz über zwingende Arbeitsbedingungen für grenzüberschreitend entsandte und für regelmäßig im Inland beschäftigte Arbeitnehmer und Arbeitnehmerinnen, vom 20.04.2009 (BGBl. I S. 799), zuletzt geändert durch Artikel 1 c des Gesetzes vom 25.11.2012 (BGBl. II S. 1381).
[122] Quelle: Bundesministerium für Arbeit und Soziales, Mindestlöhne im Sinne des Arbeitnehmer-Entsendegesetzes, abrufbar unter http://www.bmas.de/SharedDocs/Downloads/DE/pr-mindestloehne-aentg-uebersicht.pdf?__blob=publicationFile.
[123] Gesetz für den Vorrang Erneuerbarer Energien vom 29.03.2000 (BGBl. I S. 305), zuletzt neugefasst durch Gesetz vom 25.10.2008 (BGBl. I S. 2074), zuletzt geändert durch Art. 5 des Gesetzes vom 20.12.2012 (BGBl. I S. 2730, 2743 f.).

[124] Vgl. Sachverständigenrat zur Begutachtung der gesamtwirtschaftlichen Entwicklung, Jahresgutachten 2011/2012: Verantwortung für Europa übernehmen, 2011, Textziffern 431–446 (Mehrheitsvotum); Monopolkommission, Sondergutachten 59, Strom und Gas 2011: Wettbewerbsentwicklung mit Licht und Schatten, 2011, Textziffer 553. Es gibt freilich auch Kritiker, die Zweifel an der Eignung des Quotenmodells haben. Siehe z. B. Pressemeldung des Deutschen Instituts für Wirtschaftsforschung (DIW) vom 07.11.2011, abrufbar unter http://www.diw.de/de/diw_01.c.411149.de/themen_nachrichten/quoten modell_fuer_erneuerbare_energien_ungeeignet.html.

[125] Bundesministerium für Umwelt, Naturschutz und Reaktorsicherheit, Entwicklung der erneuerbaren Energien im Jahr 2011 – Grafiken und Tabellen, 2012.

[126] Gutachten des Wissenschaftlichen Beirats beim Bundesministerium für Wirtschaft und Technologie: Zur Förderung erneuerbarer Energien, 2004, abrufbar unter http://www.bmwi.de/DE/Mediathek/Publikatio nen/publikationen-archiv,did=386660.html. Siehe auch den Beitrag in SPIEGEL Online: Windräder bringen nichts für CO2-Ziel, abrufbar unter http://www.spiegel.de/wirtschaft/unsinnige-eu-klimapolitik-windraeder-bringen-nichts-fuer-co2-ziel-a-606532.html.

[127] Verordnung (EG) Nr. 2257/94 der Kommission vom 16.09.1994 zur Festsetzung von Qualitätsnormen für Bananen, Amtsblatt Nr. L 245 vom 20.09.1994 S. 6–10.

[128] Anhang I zu der genannten Verordnung unter III.

[129] Verordnung (EG) Nr. 244/2009 der Kommission vom 18.03.2009 zur Durchführung der Richtlinie 2005/32/EG des Europäischen Parlaments und des Rates im Hinblick auf die Festlegung von Anforderungen an die umweltgerechte Gestaltung von Haushaltslampen mit ungebündeltem Licht, Amtsblatt Nr. L 076 vom 24.03.2009 S. 3–16.

[130] Richtlinie 2000/78/EG des Rates vom 27.11.2000 zur Festlegung eines allgemeinen Rahmens für die Verwirklichung der Gleichbehandlung in Beschäftigung und Beruf, Amtsblatt Nr. L 303 vom 02.12.2000 S. 16–22; Richtlinie 2002/73/EG des Europäischen Parlaments und des Rates vom 23.09.2002 zur Änderung der Richtlinie 76/207/EWG des Rates zur Verwirklichung des Grundsatzes der Gleichbehandlung von Männern und Frauen hinsichtlich des Zugangs zur Beschäftigung, zur Berufsbildung und zum beruflichen Aufstieg sowie in Bezug auf die Arbeitsbedingungen, Amtsblatt Nr. L 269 vom 05.10.2002 S. 15–20; Richtlinie 2004/113/EG des Rates vom 13.12.2004 zur Verwirklichung des Grundsatzes der Gleichbehandlung von Männern und Frauen beim Zugang zu und bei der Versorgung mit Gütern und Dienstleistungen, Amtsblatt Nr. L 373 vom 21.12.2004 S. 37–43.

[131] Vorschlag für eine Richtlinie des Rates zur Anwendung des Grundsatzes der Gleichbehandlung ungeachtet der Religion oder der Weltanschauung, einer Behinderung, des Alters oder der sexuellen Ausrichtung vom 02.07.2008, KOM (2008) 426 endgültig. Hierzu schon oben Kapitel 6.

Anmerkungen zu Kapitel 9.

[132] *Hans Magnus Enzensberger,* Sanftes Monster Brüssel, Berlin 2011.
[133] So der Titel eines Beitrages von *Werner Mussler* in FAZ vom 19.08.2011, S. 12.